Zeitreise ins Indonesien der Kolonialzeit:

barbusige Frauen von Bali, Sumatra und Borneo bei der täglichen Arbeit

Jürgen Prommersberger: Zeitreise ins Indonesien der Kolonialzeit
Regenstauf , Dezember 2015

Erstauflage
Herstellung: CreateSpace Independent Publishing Platform

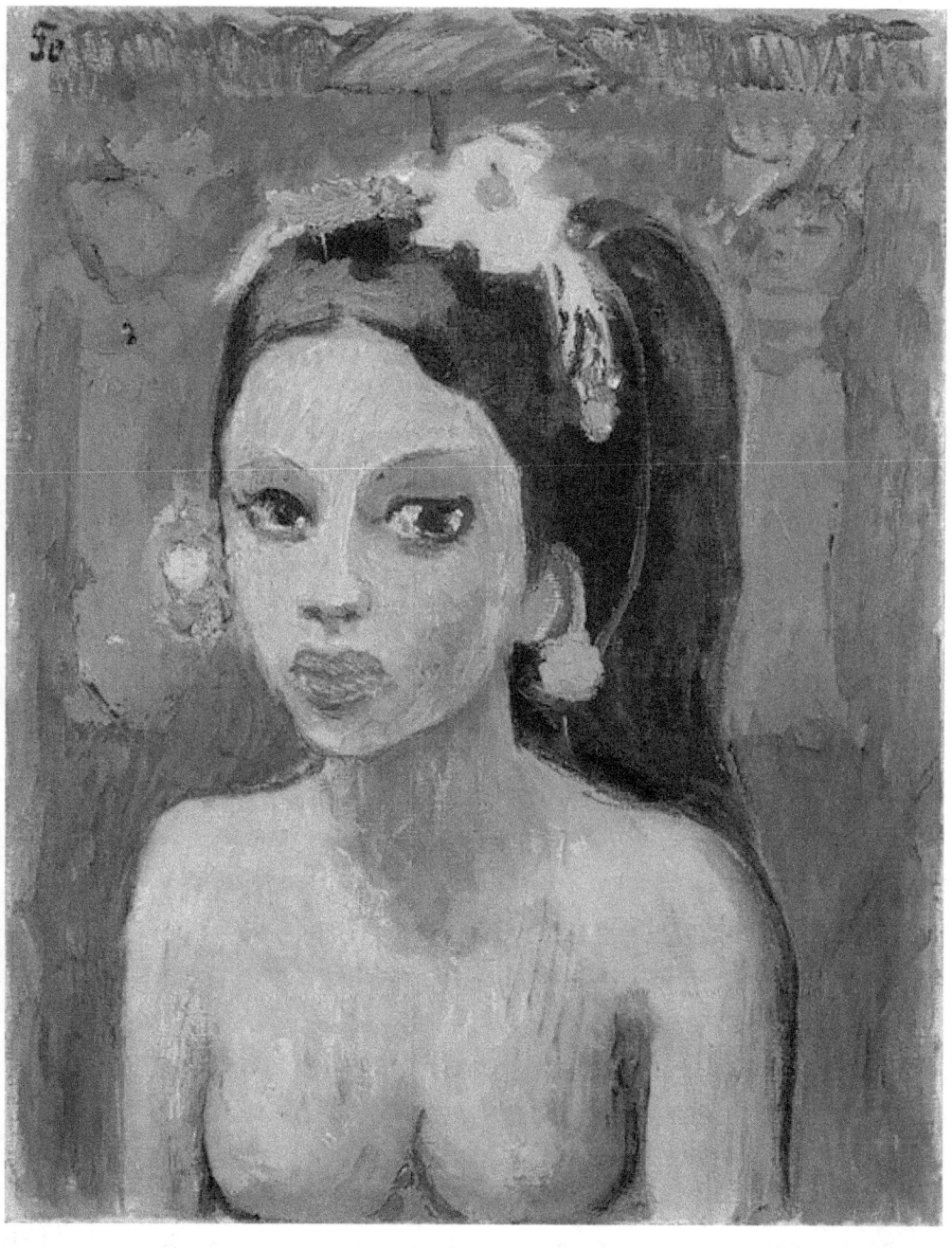

Zu diesem Bildband „Zeitreise ins alte Indonesien der Kolonialzeit" möchte ich eine kleine geschichtliche Einleitung geben.

Die indonesische Bevölkerung stammt ursprünglich von austronesischen Völkern ab, die vor Beginn unserer Zeitrechnung in mehreren Einwanderungswellen ins Land kamen. Der Fund des Java-Menschen beweist, dass die Insel bereits vor ca. 1,8 Millionen Jahren besiedelt war.

Im ersten Jahrtausend n. Chr. gewannen der Buddhismus und der Hinduismus Einfluss auf Indonesien und verschmolzen mit Glaubensvorstellungen der ursprünglichen Bauernkultur. Wegen der günstigen Lage an der Seehandelsroute von China nach Indien blühte der Handel und es entstanden mehrere Handelsreiche.

Das einflussreichste und bekannteste Königreich Srivijaya auf Sumatra bestand seit ca. 500 und übernahm bis ca. 700 die Herrschaft über ganz Sumatra und Java, Teile Borneos und die malaiische Halbinsel. Ab dem 11. Jahrhundert begann das Reich zu zerfallen, unter anderem durch Angriffe der Chola-Könige, die unliebsame Handelskonkurrenz ausschalten wollten. Zwischen 1275 und 1290 übernahm schließlich der König von Singhasari die Herrschaft über den größten Teil Indonesiens. Auf Java gewann ab 1293 das Reich von Majapahit an Bedeutung, das bald über die ehemaligen Gebiete von Srivijaya herrschte. Ab dem 15. Jahrhundert besuchten immer mehr arabische Händler Indonesien und die Konversion zum Islam begann. Hinduismus und Buddhismus überleben bis heute nur auf den Inseln Bali (siehe beispielsweise: Besakih) und Lombok, wo sich eine indigene (mehrheitlich aber hinduistisch geprägte) Mischkultur herausgebildet hat.

1487 umfuhr der Portugiese Bartolomeu Diaz erstmals das Kap der Guten Hoffnung und bereitete damit die Entdeckung des Seeweges nach Indien durch Vasco da Gama vor. In der Folge stießen die Europäer in den indonesischen Raum vor, um den bislang von Orientalen betriebenen Gewürzhandel zu übernehmen. Nach fast 100-jähriger portugiesischer Dominanz setzten sich um 1600 die Niederländer als Kolonialherren durch. Als Niederländisch-Indien war Indonesien eine der ersten holländischen Kolonien. Bis zum Jahr 1908 hatten die Niederlande, von Java ausgehend, ihren Machtbereich auf den gesamten indonesischen Archipel ausgedehnt. Lediglich die Provinz Aceh (Atjeh) im Norden Sumatras vermochte zu widerstehen, wurde aber nach einem über dreißigjährigen Krieg ebenfalls unterworfen.

Im Frühjahr 1942 begann die japanische Armee Niederländisch-Indien zu besetzen. Ihr Interesse galt kriegswichtigen Rohstoffreserven und der Verbesserung ihrer strategischen Position. Im März 1942 kapitulierten die Niederländer. Die fast 350-jährige Zeit ihrer Kolonialherrschaft war vorüber. Noch unter japanischer Besatzung erklärt sich Indonesien im März 1943 von den Niederlanden unabhängig. Die Herrschaft der Japaner endete am 15. August 1945 mit deren Kapitulation.

Am 17. August 1945 riefen Sukarno und Mohammad Hatta die Unabhängigkeit Indonesiens aus. Der Einfluss der Republik Indonesien erstreckte sich zunächst auf die Inseln Java, Sumatra und Madura. Die übrigen Inseln wurden meist von den Niederländern kontrolliert. Im Niederländisch-Indonesischen Krieg (1947/48) eroberten die Niederlande zwar fast das gesamte Gebiet, kämpften aber weiterhin gegen eine indonesische Guerilla und verloren vor allem die Sympathie der Weltöffentlichkeit, nicht zuletzt wegen des Massakers am 9. Dezember 1947 in dem Dorf Rawagede (Westjava) mit 431 Toten, bei dem nur zehn Männer überlebten. Unter amerikanischem Druck mussten die Niederlande im August 1949 (abermals) Verhandlungen mit der Republik Indonesien aufnehmen. Am 27. Dezember 1949 wurde in Amsterdam die Übergabe der Souveränität unterzeichnet.

Die nachfolgenden Bilder entstanden im Zeitraum von 1900 – 1930. Also noch unter der holländischen Kolonialherrschaft.

Bei diesen Bildern der ländlichen Gebiete Indonesien sticht ins Auge, dass die allermeisten Mädchen und Frauen (bis ins hohe Alter) barbusig gehen. Zu der Landestracht gehört also der mehr oder wenig farbenprächtige Sarong, während auf eine Oberbekleidung meist verzichtet wird.

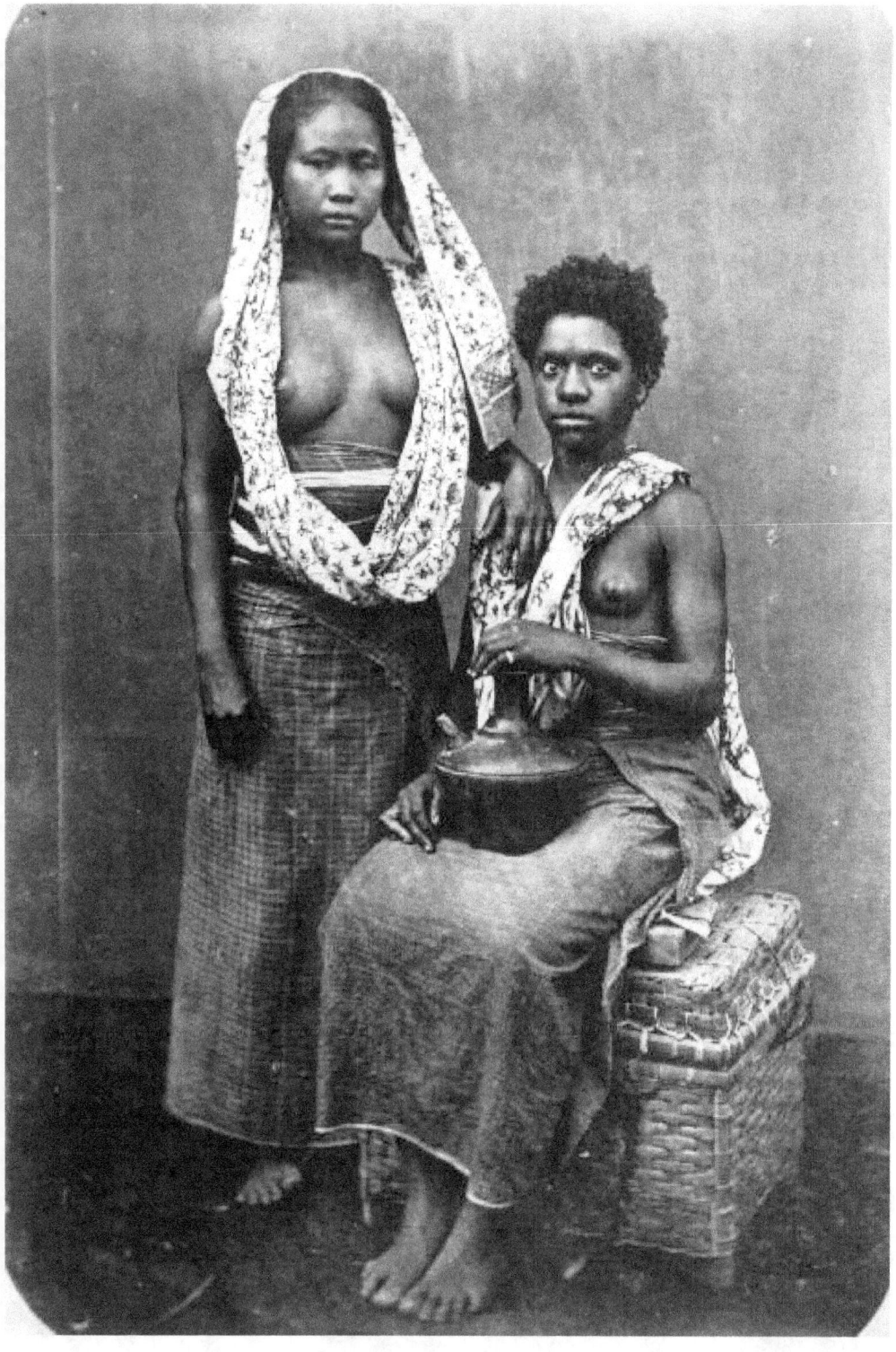

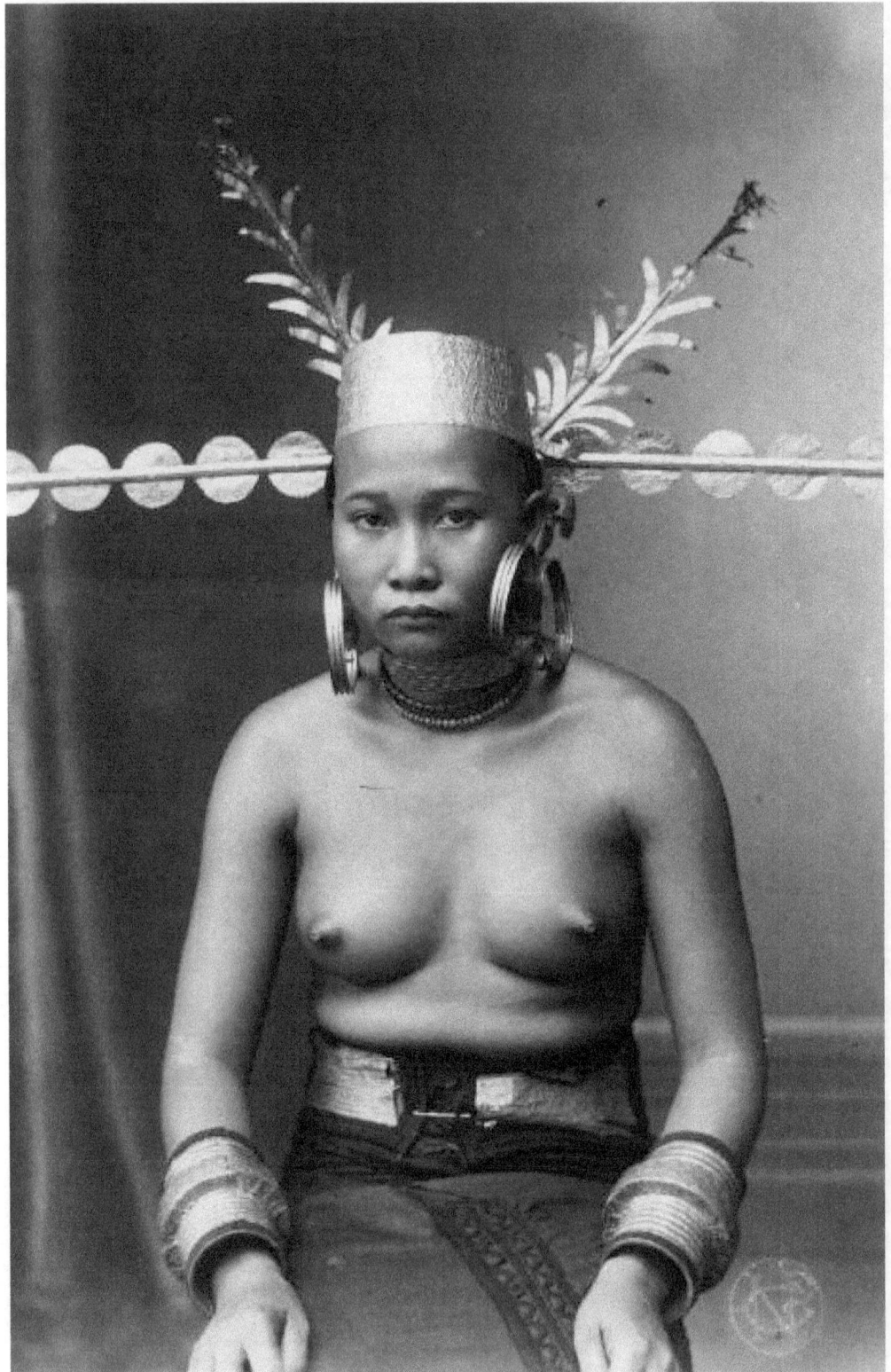

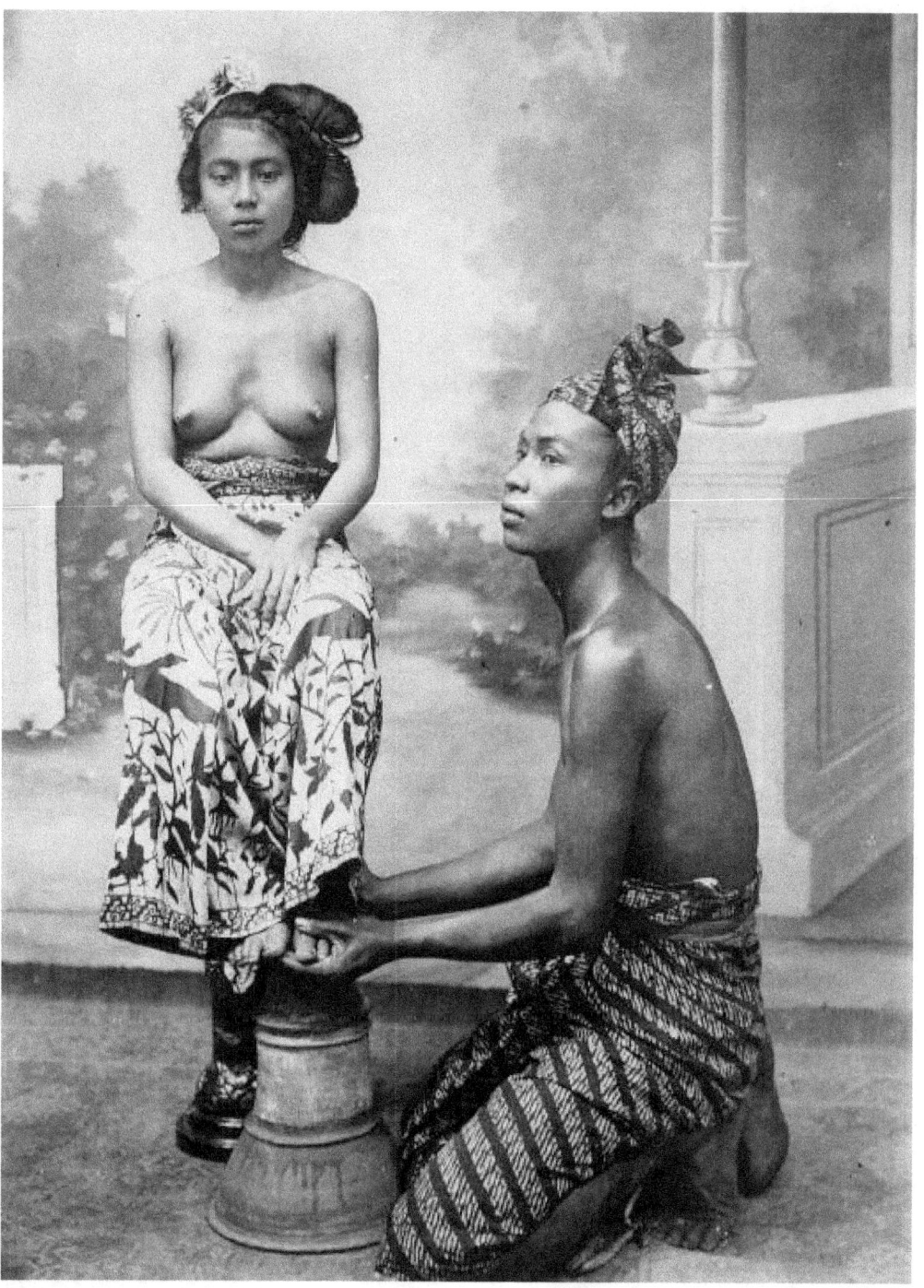

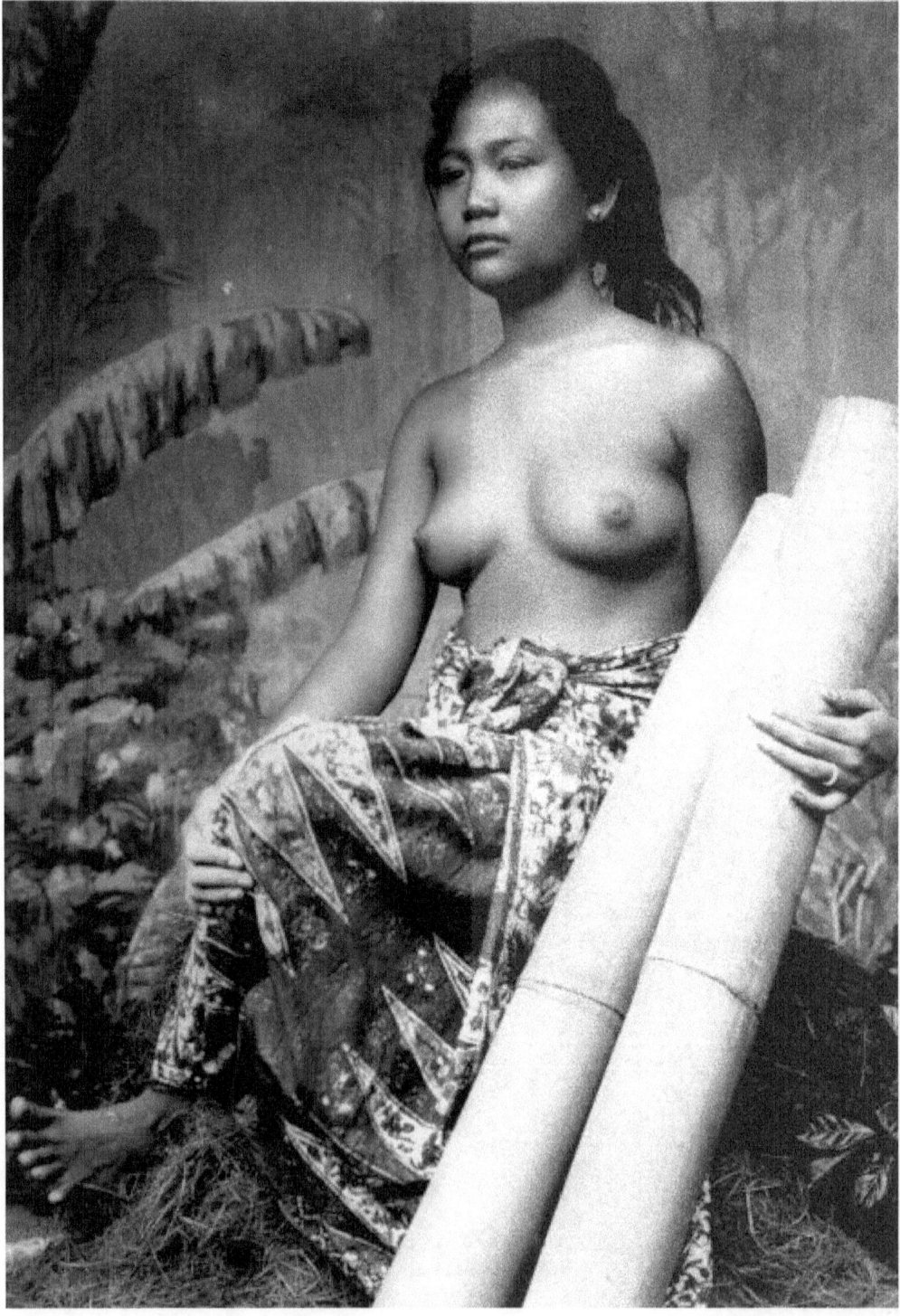

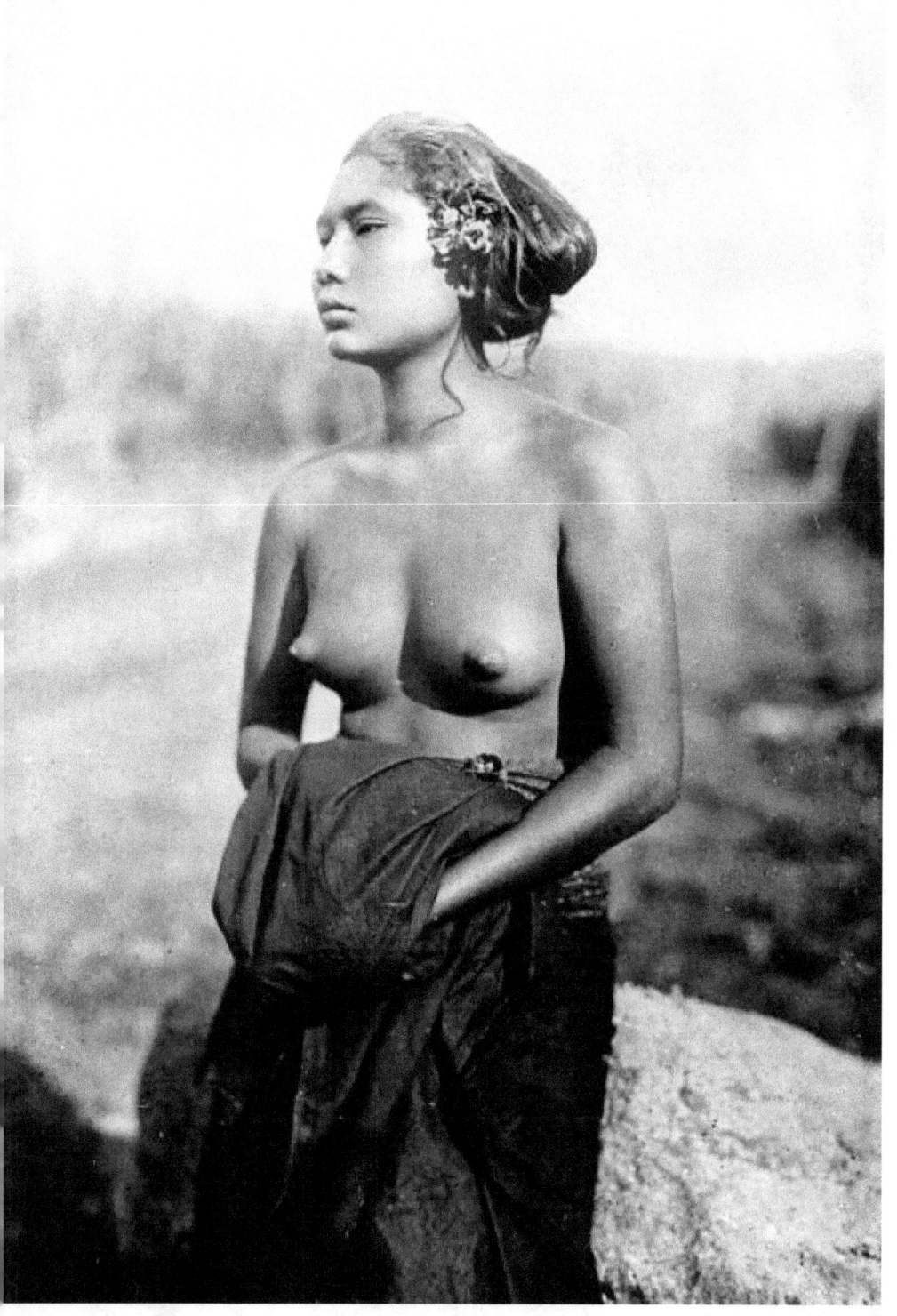

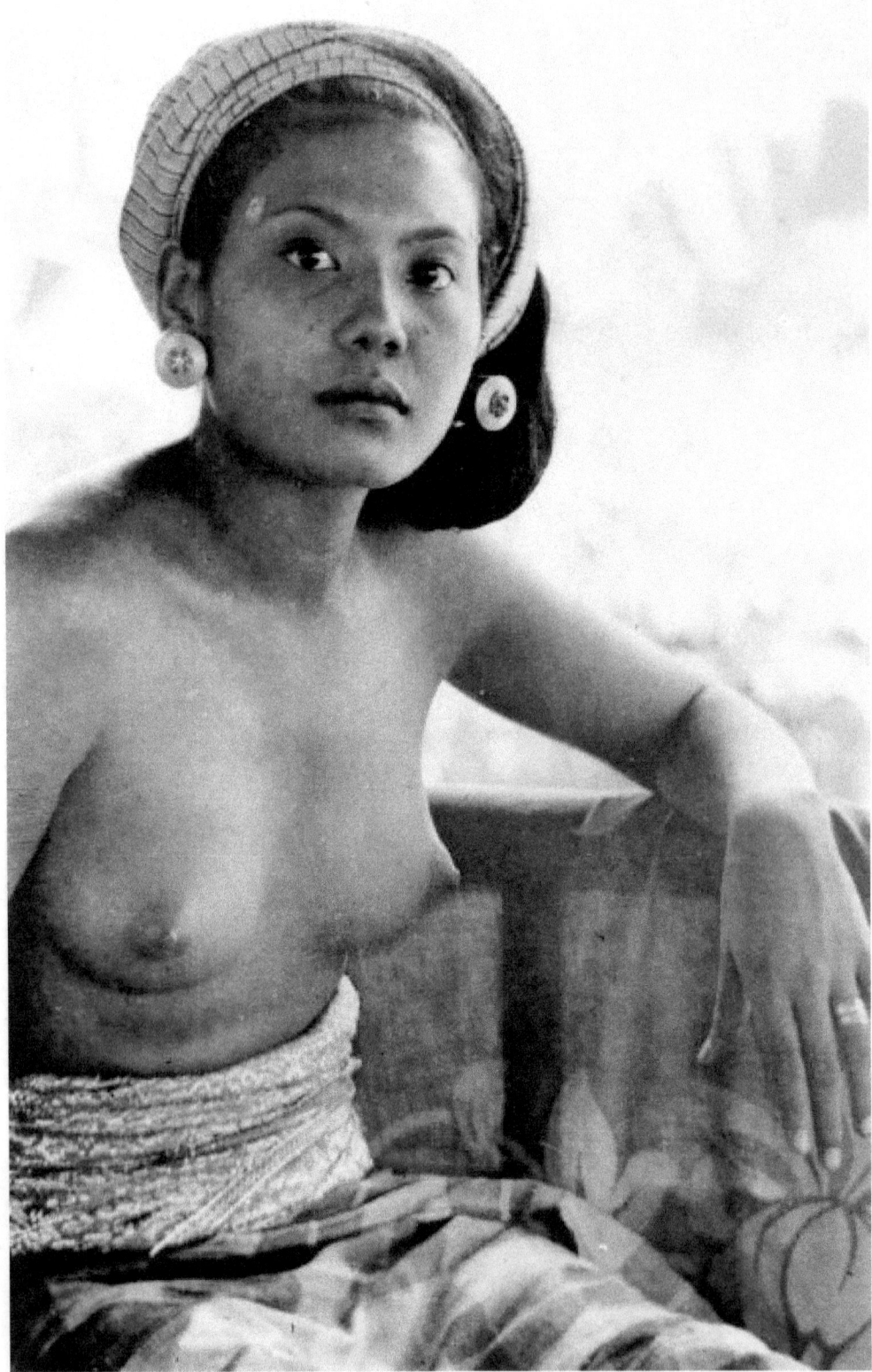

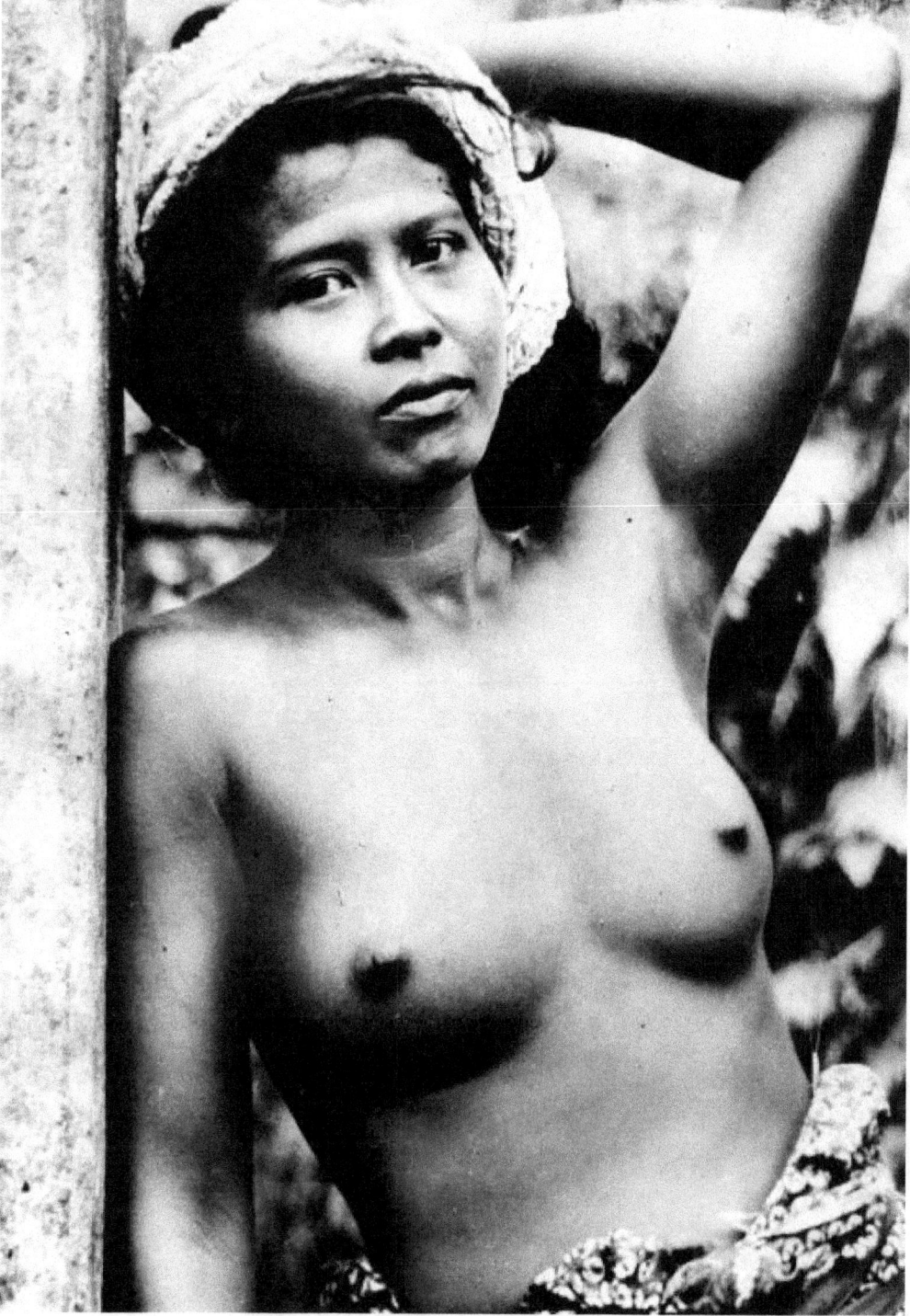

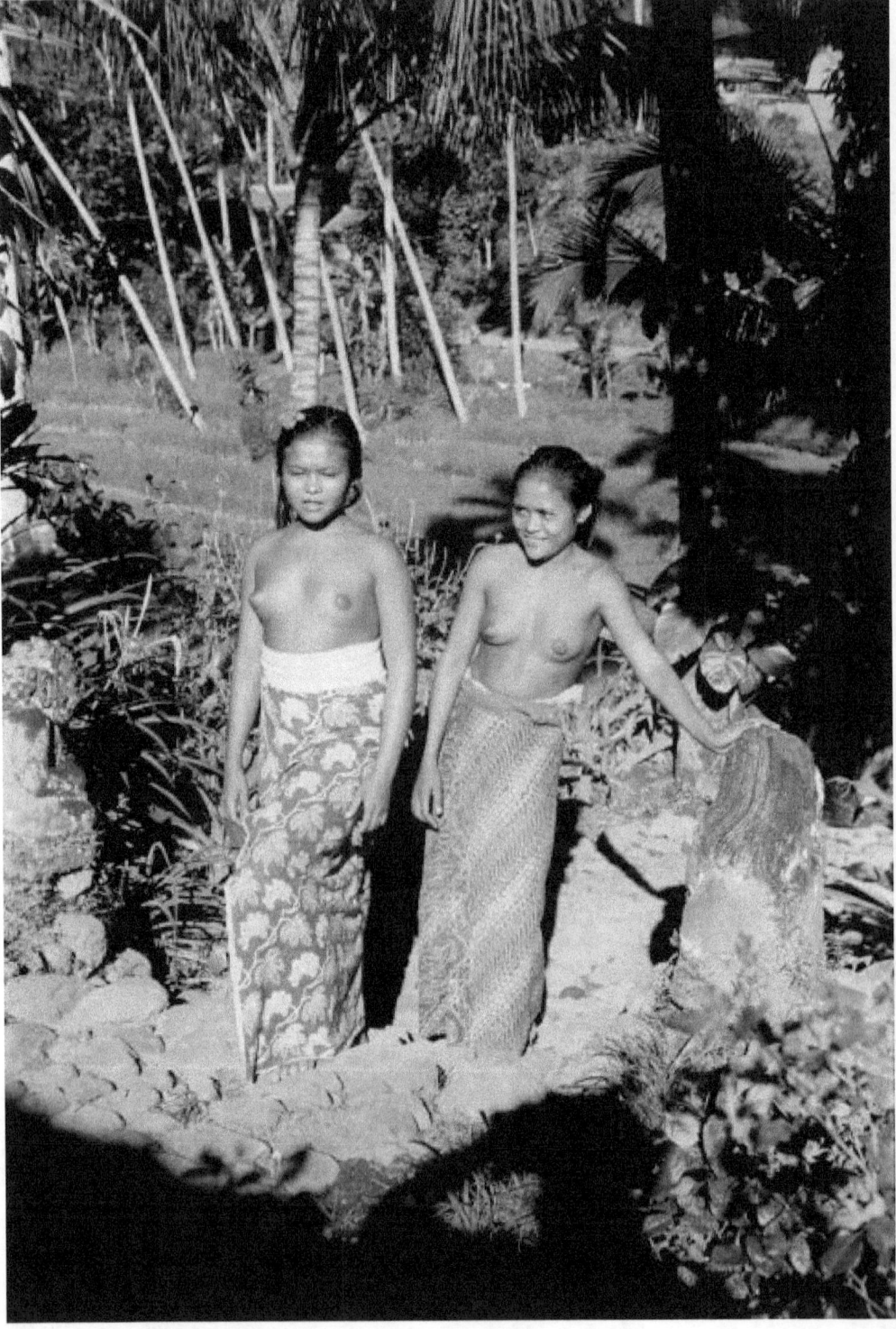

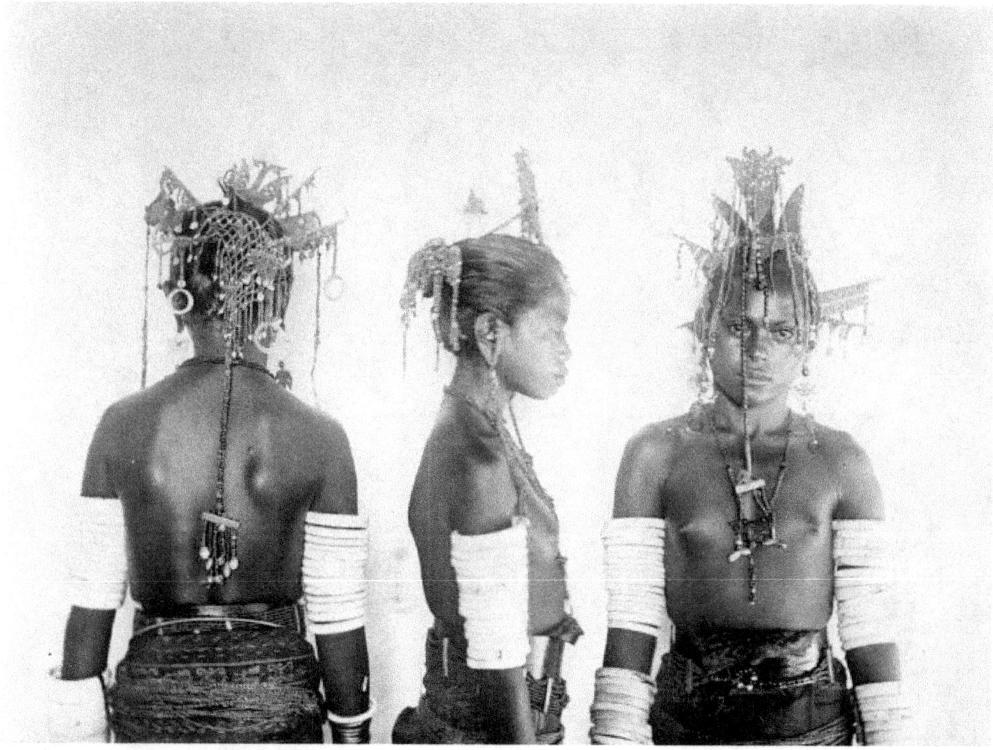

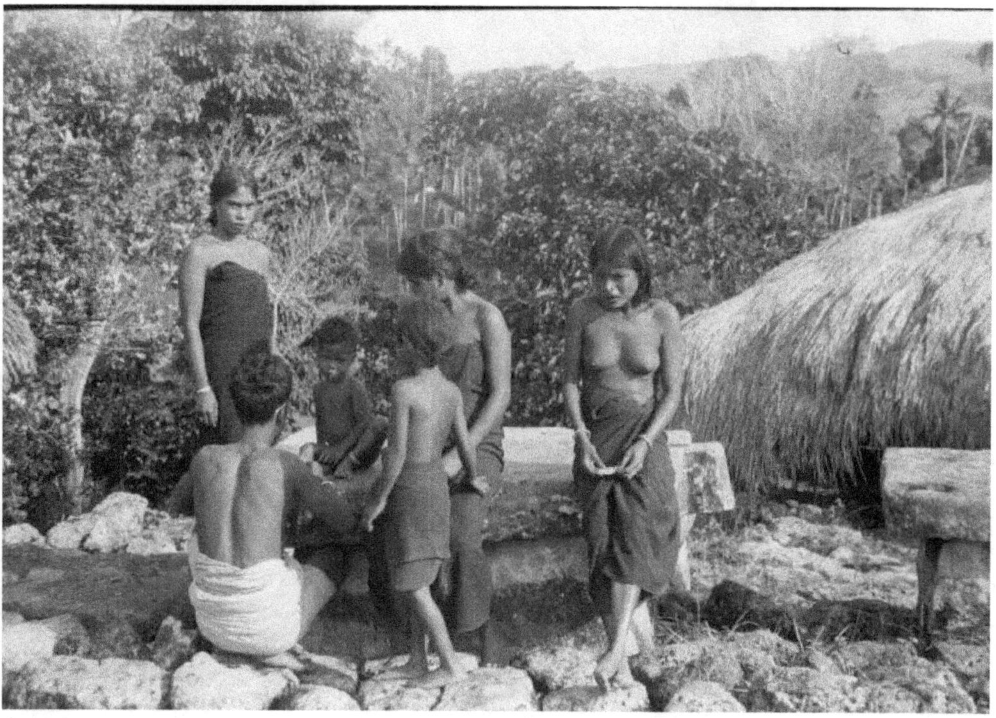

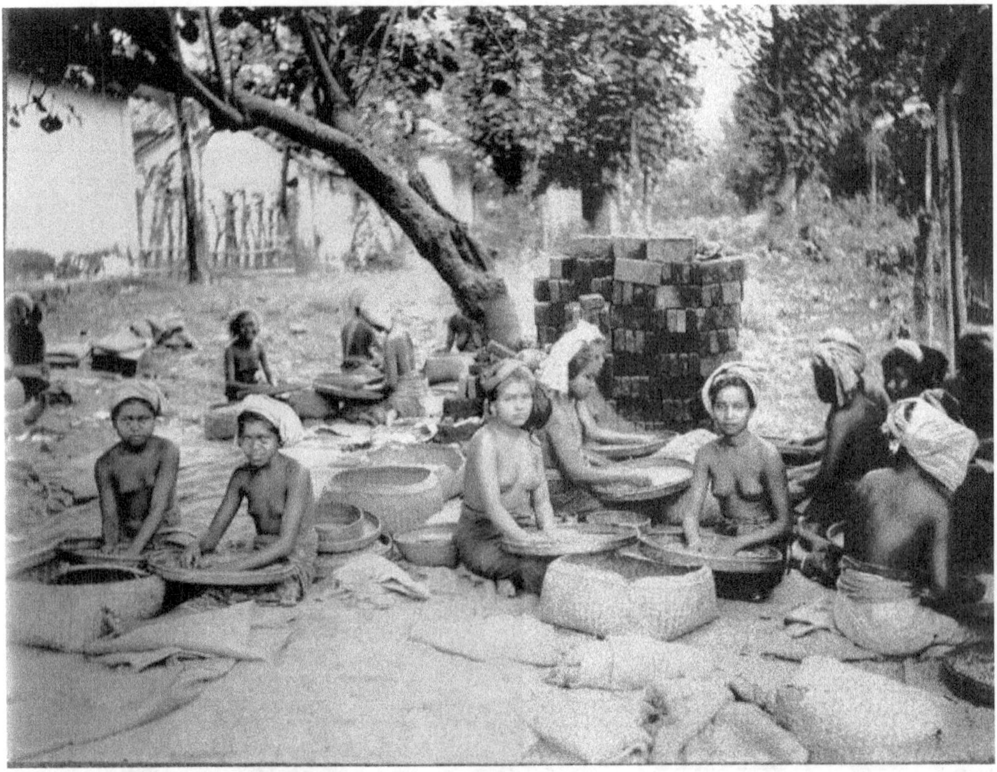

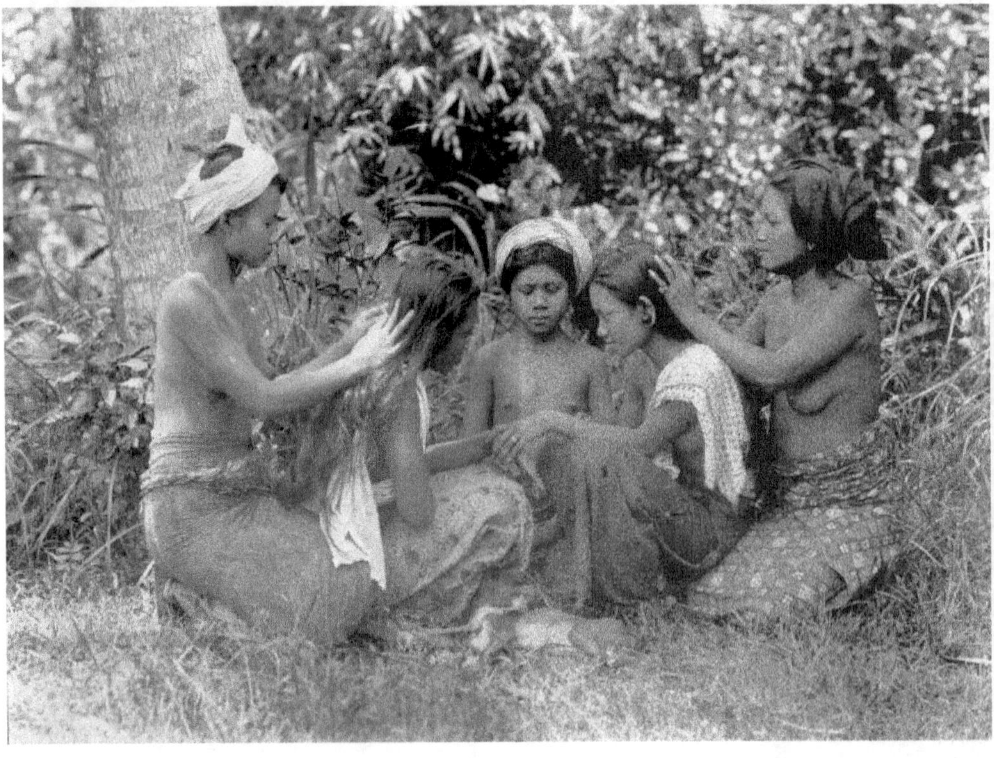

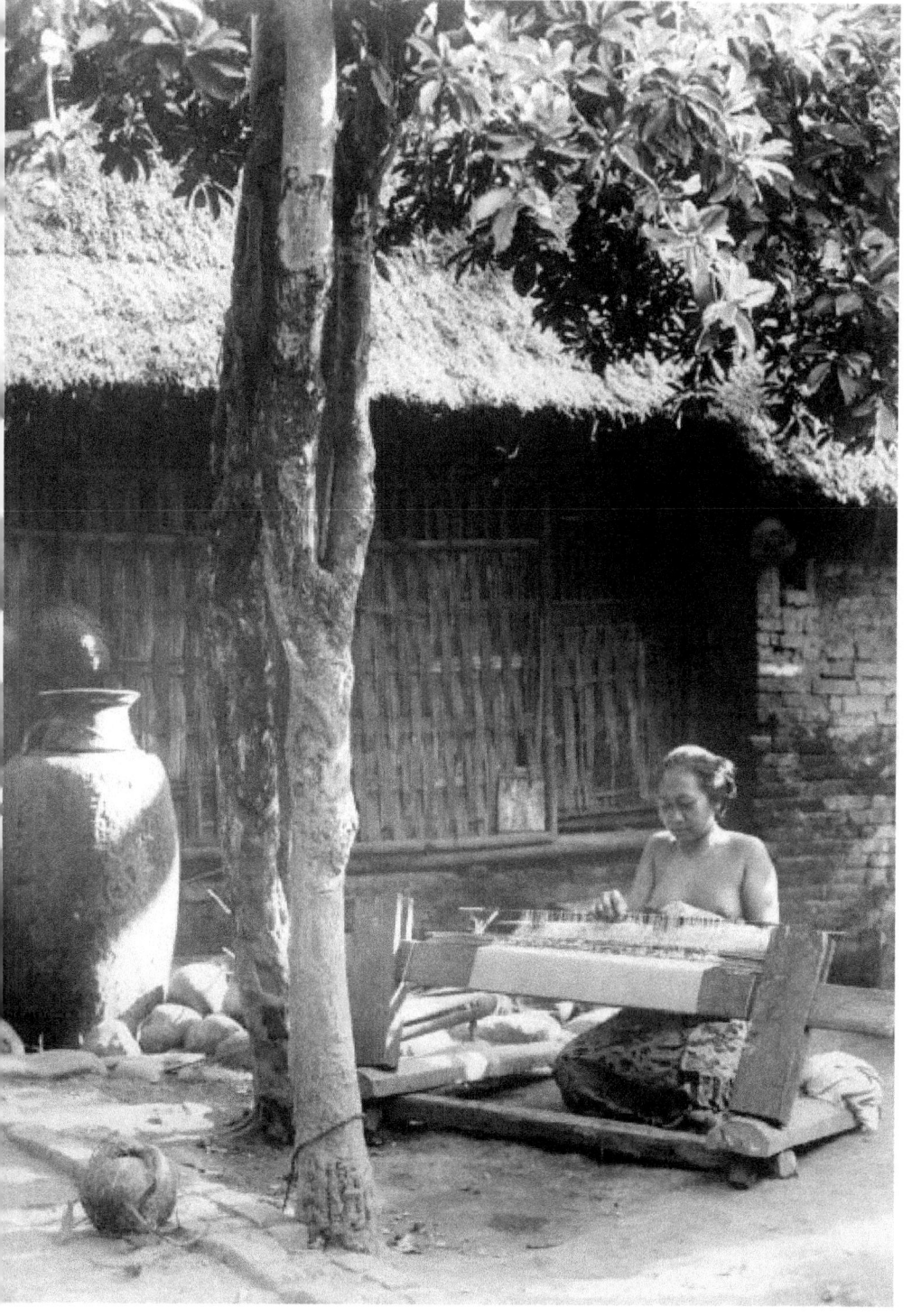

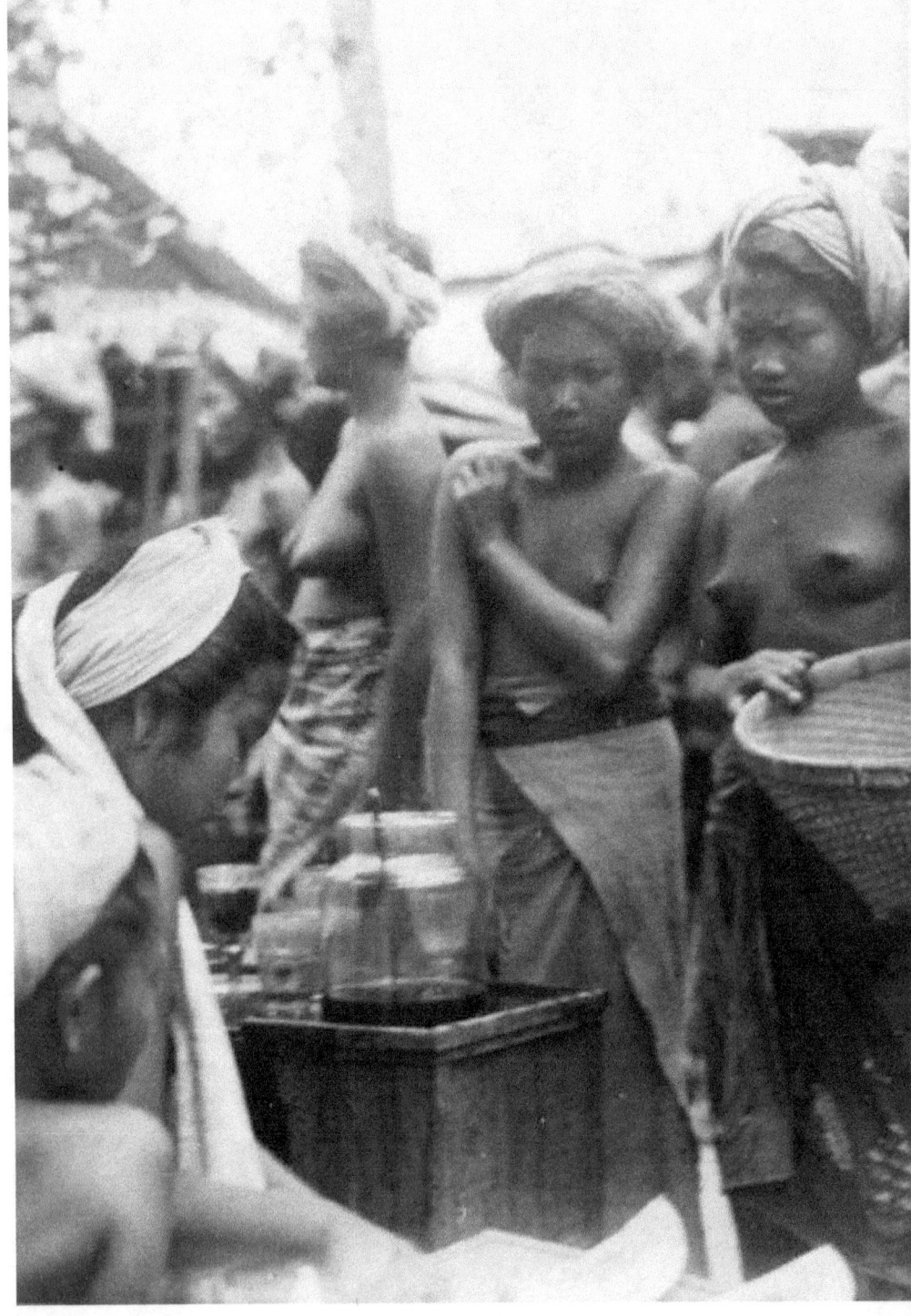

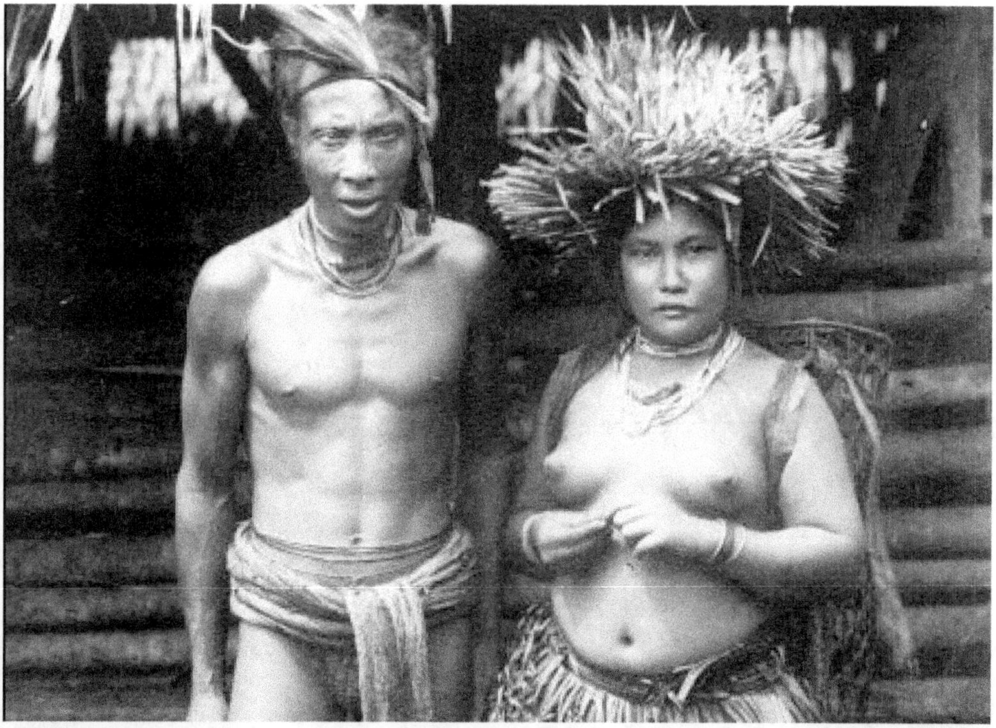

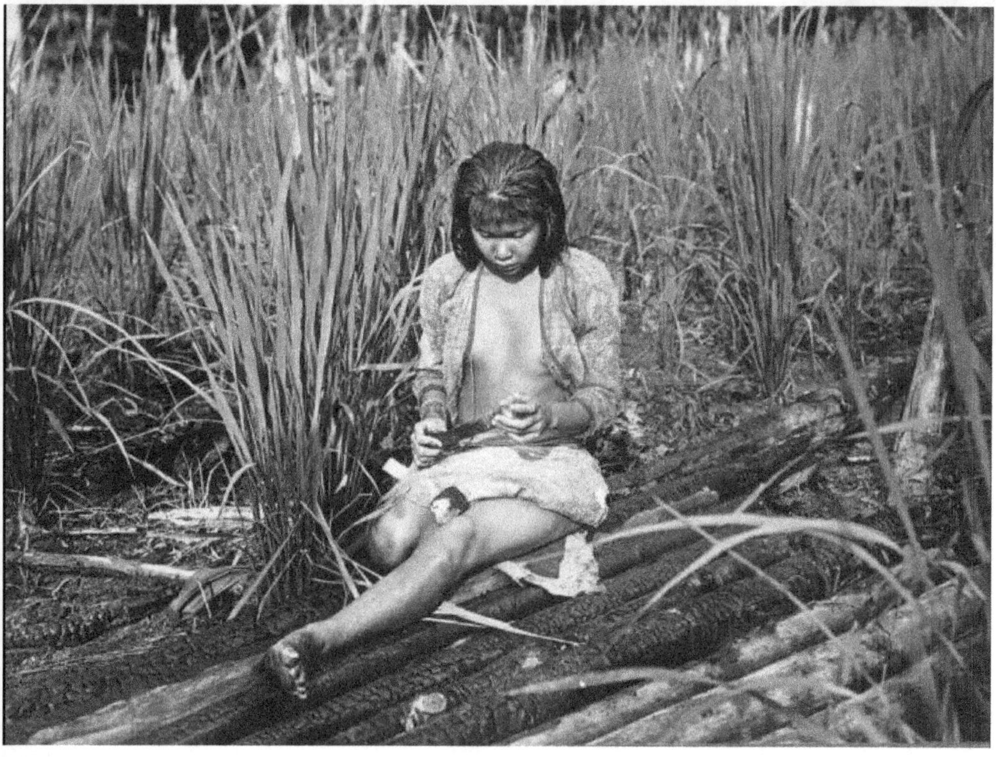

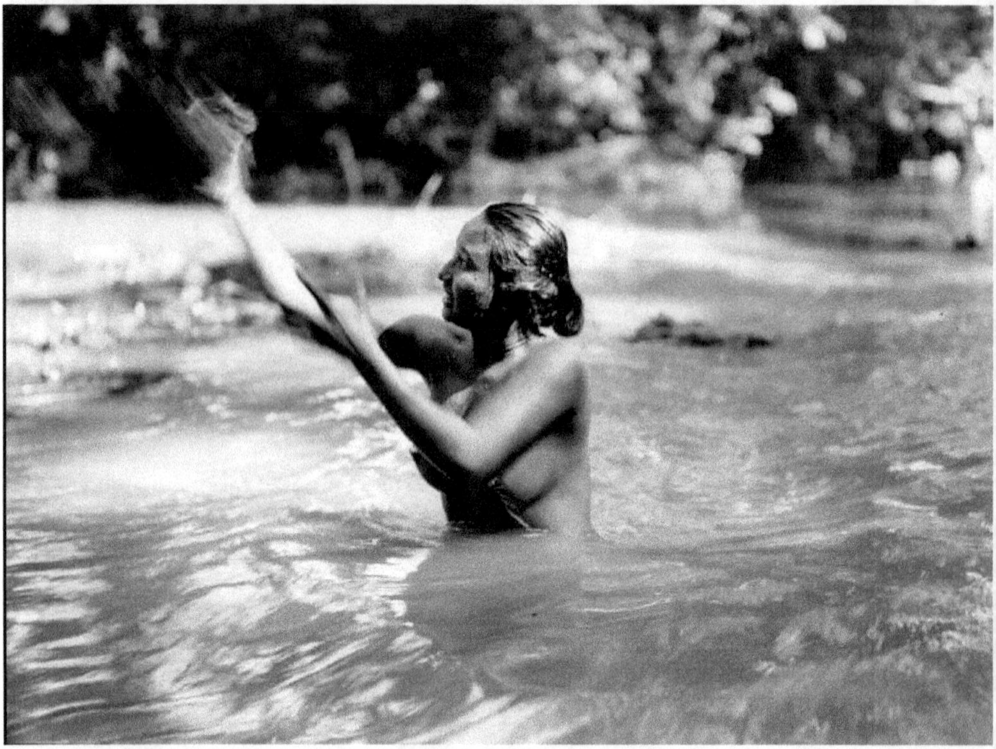

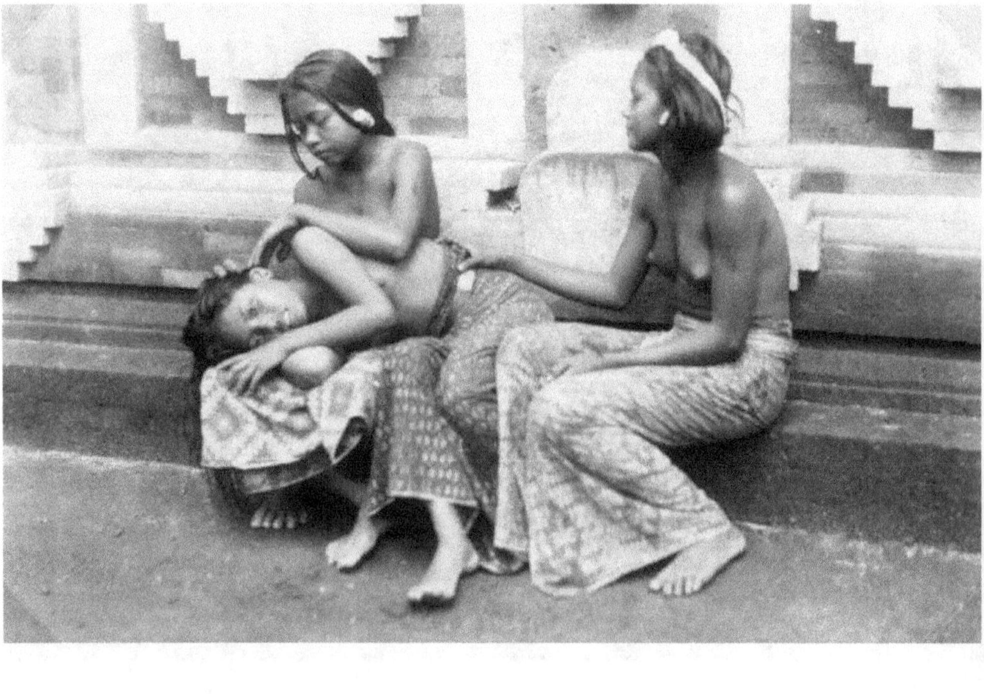

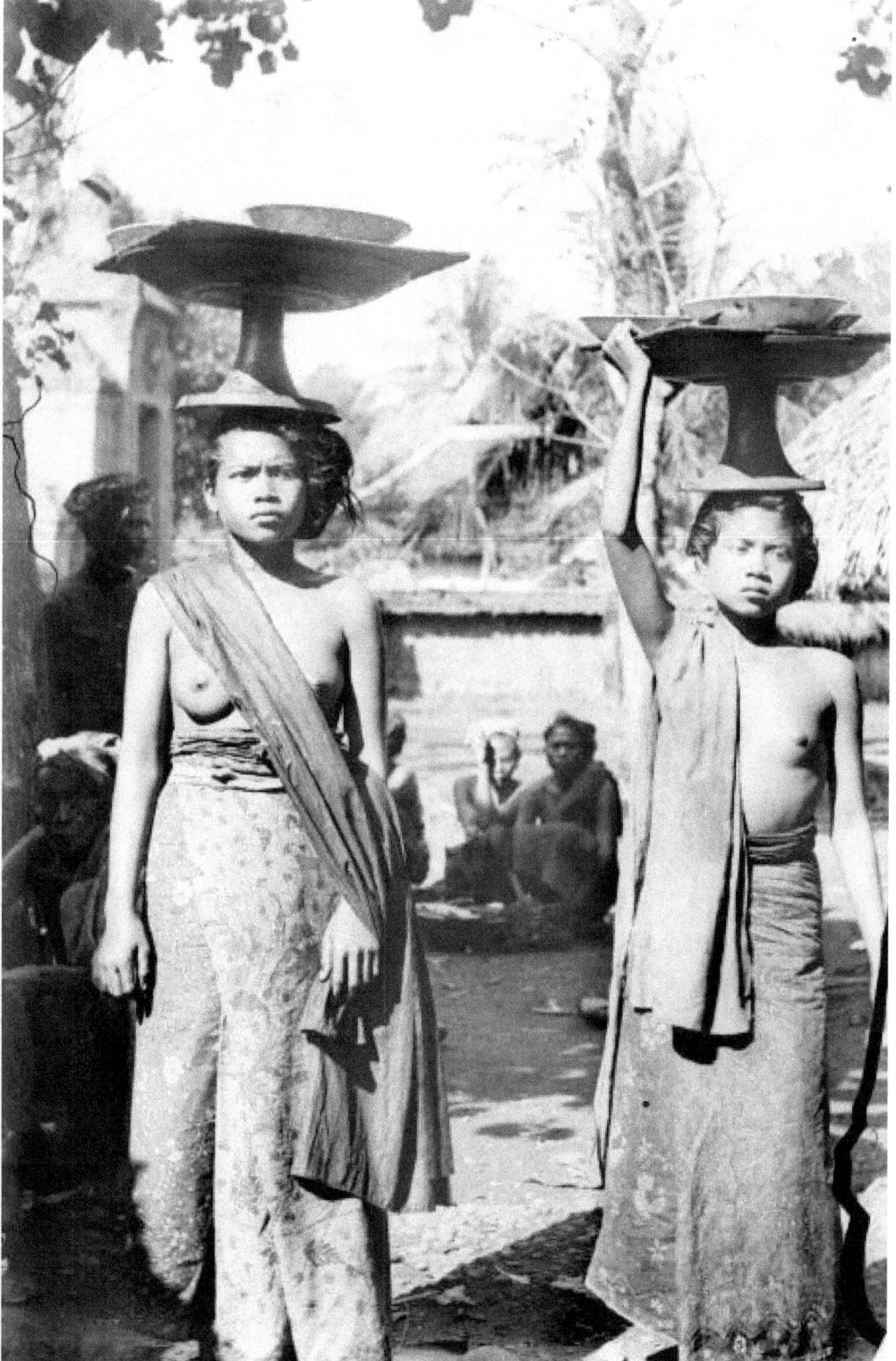

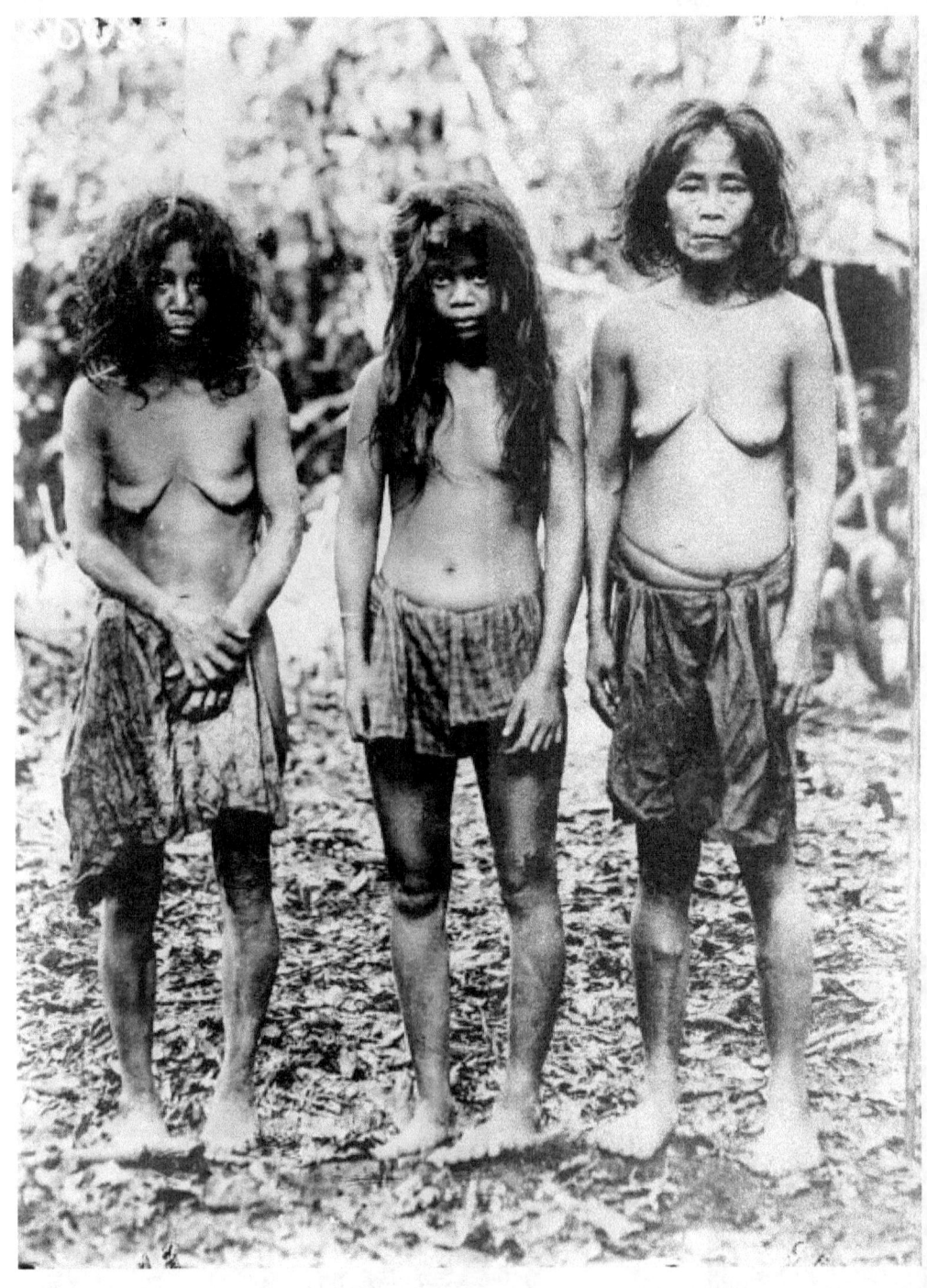

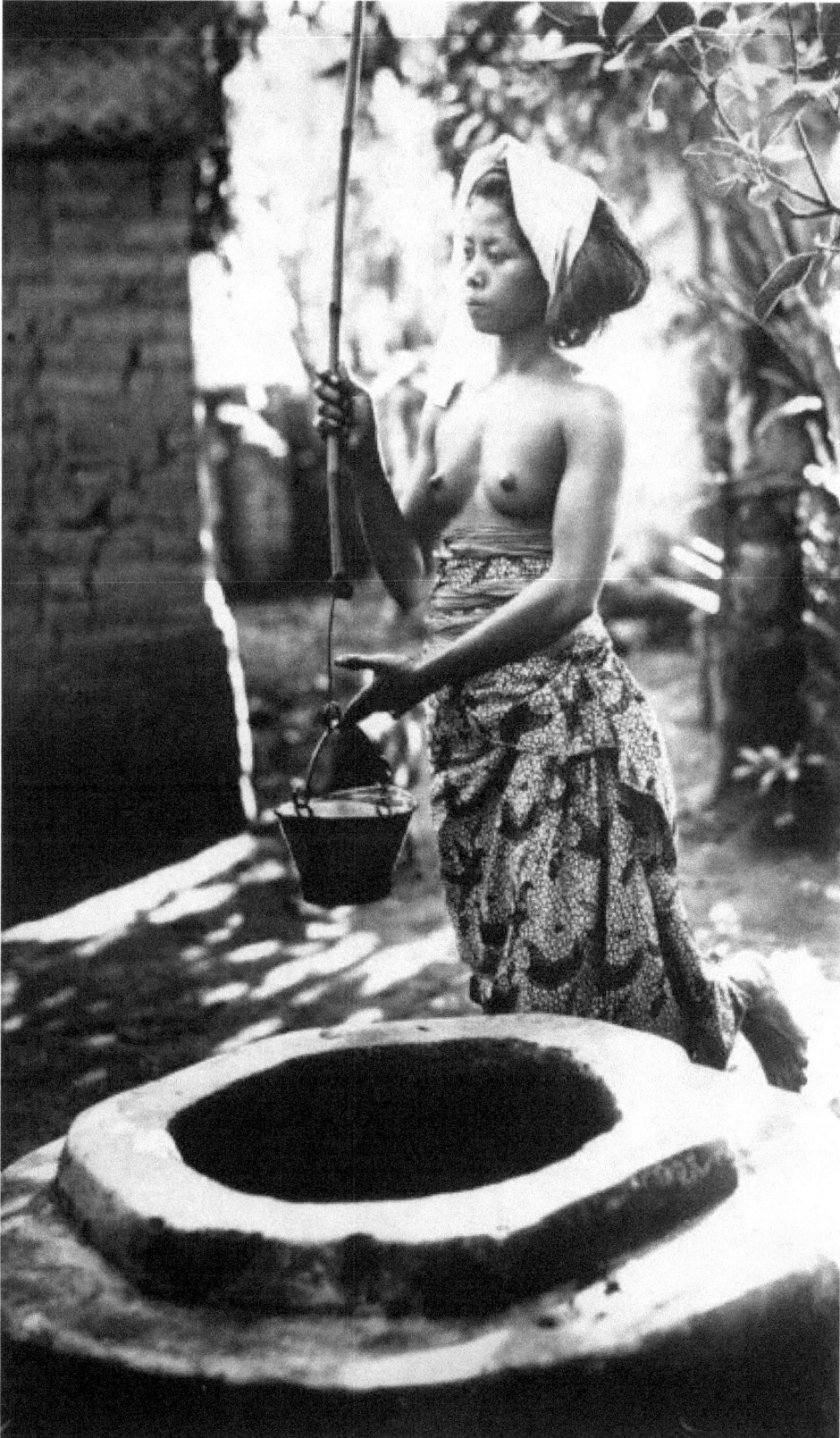

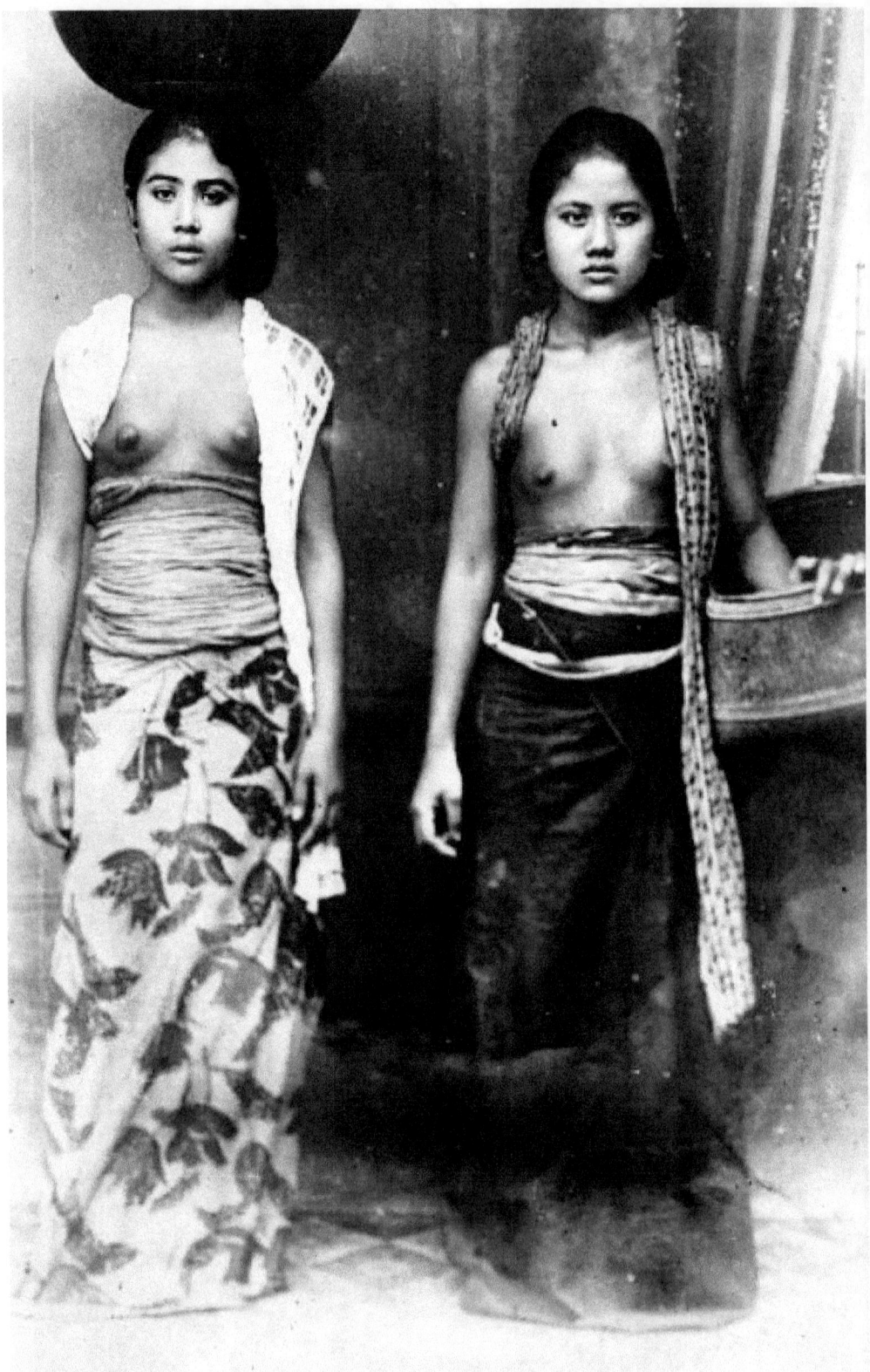

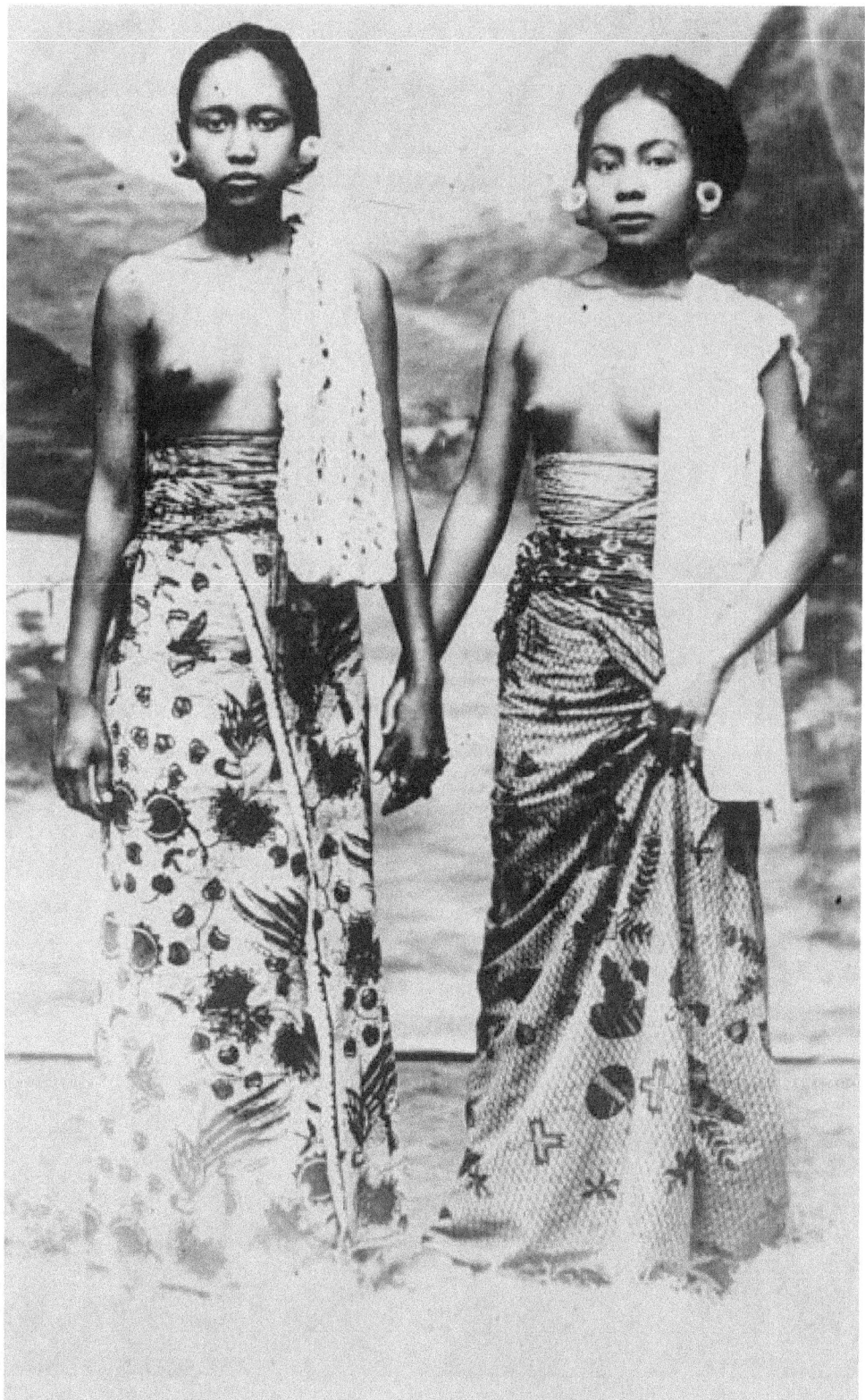

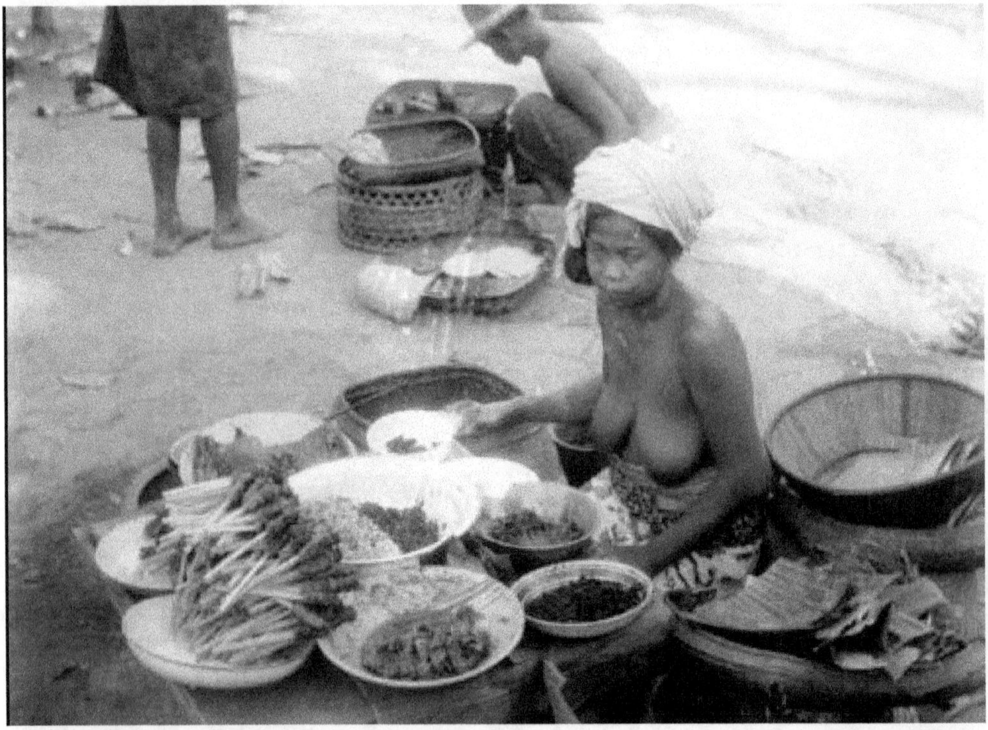

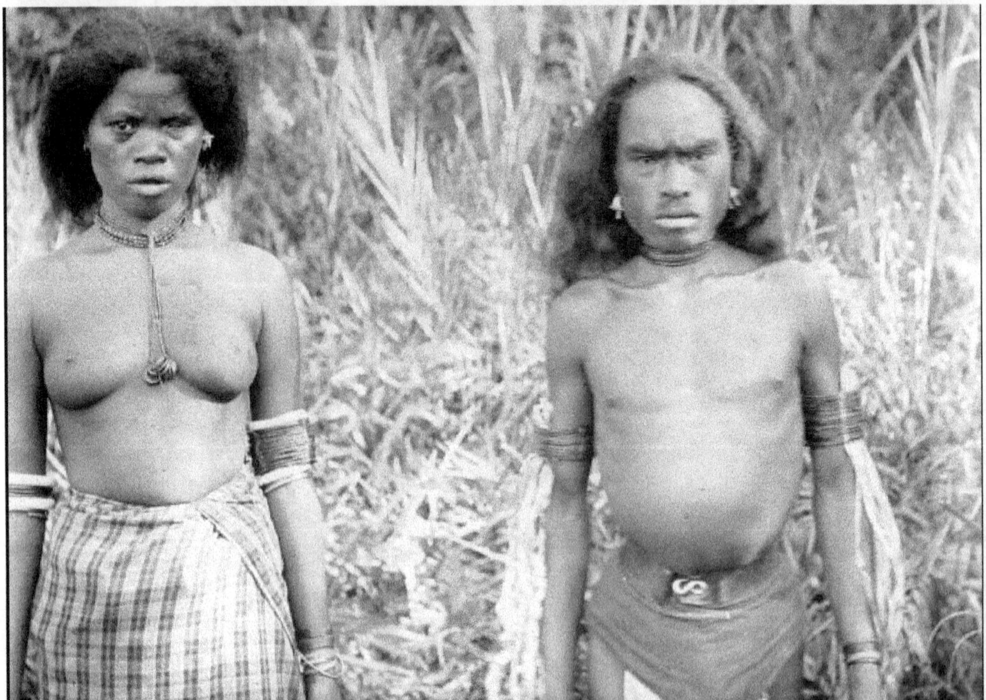

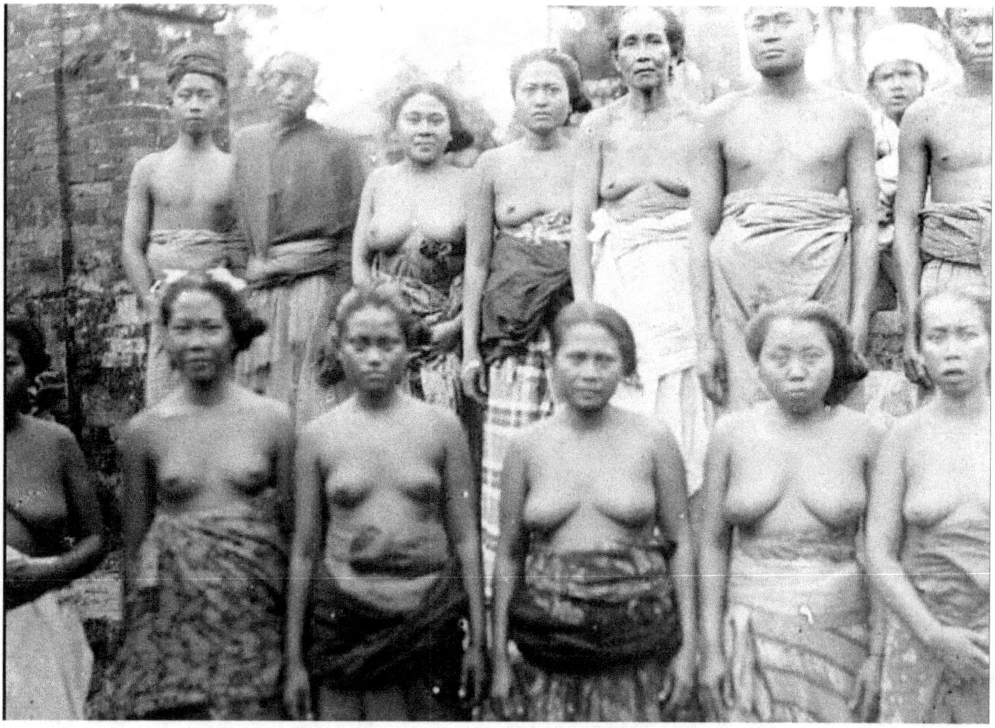

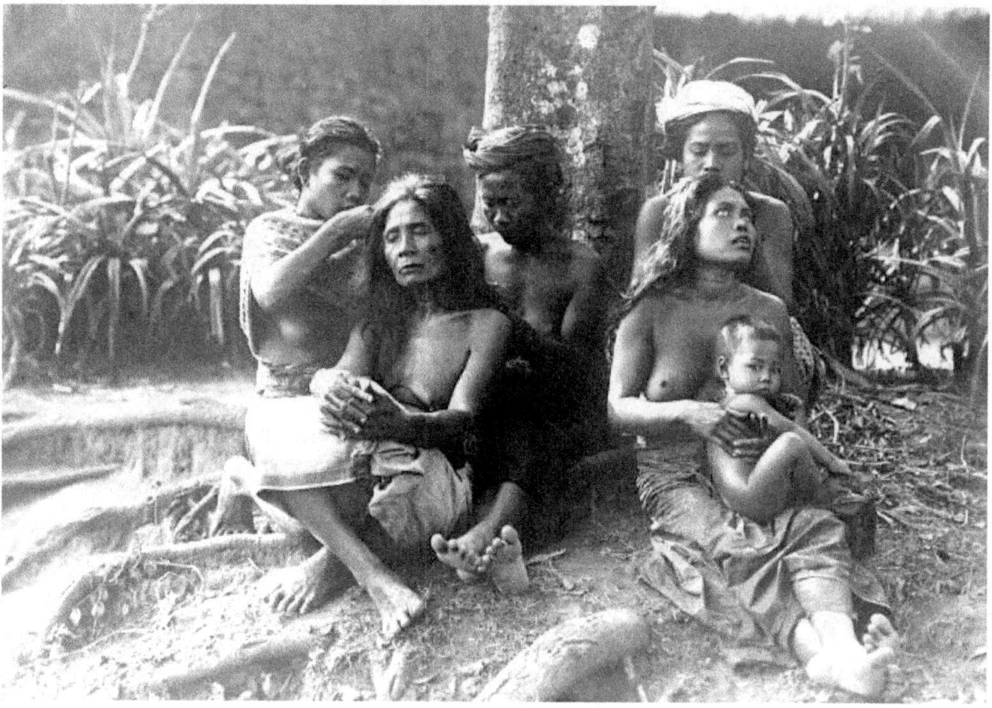

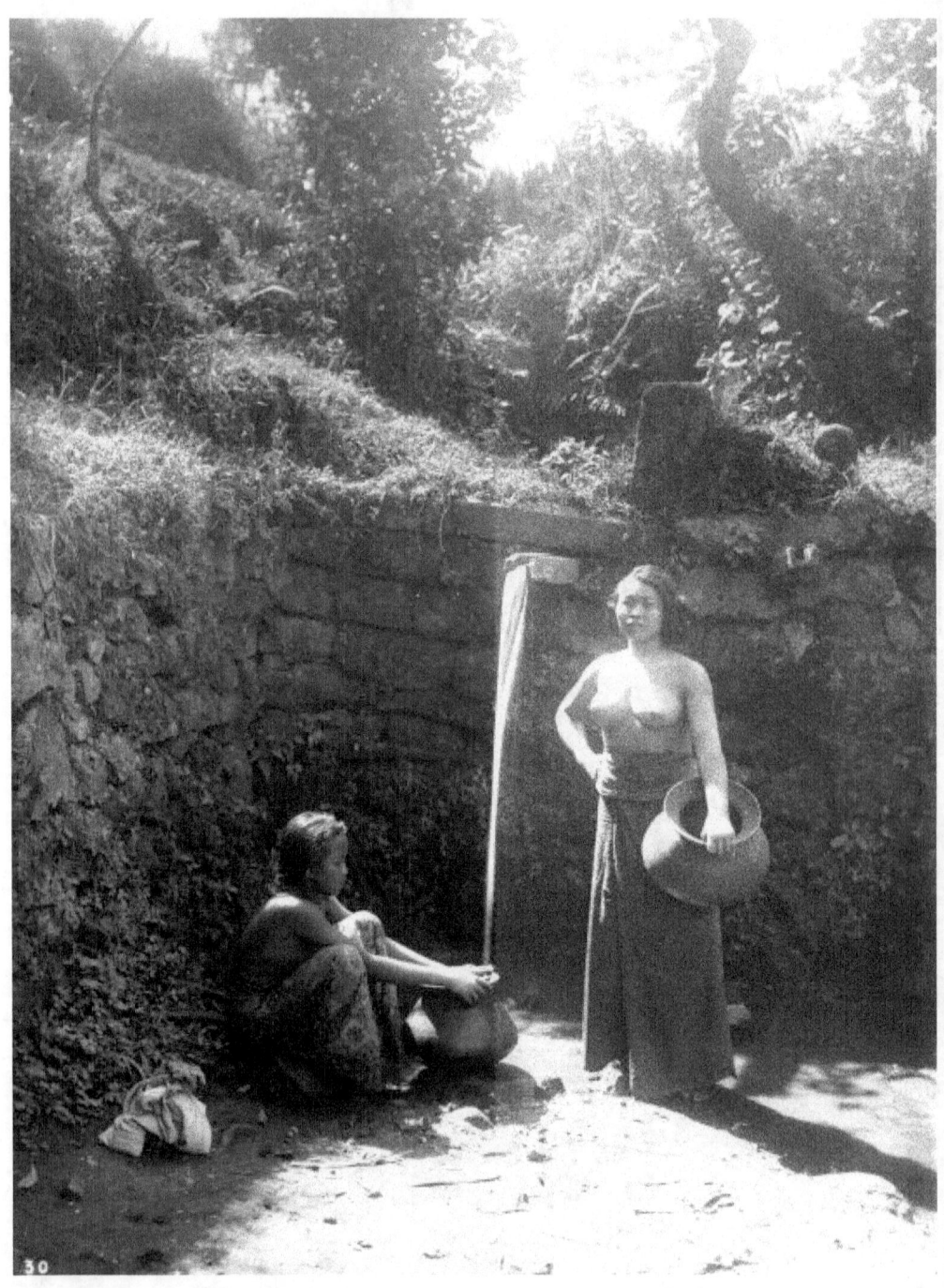

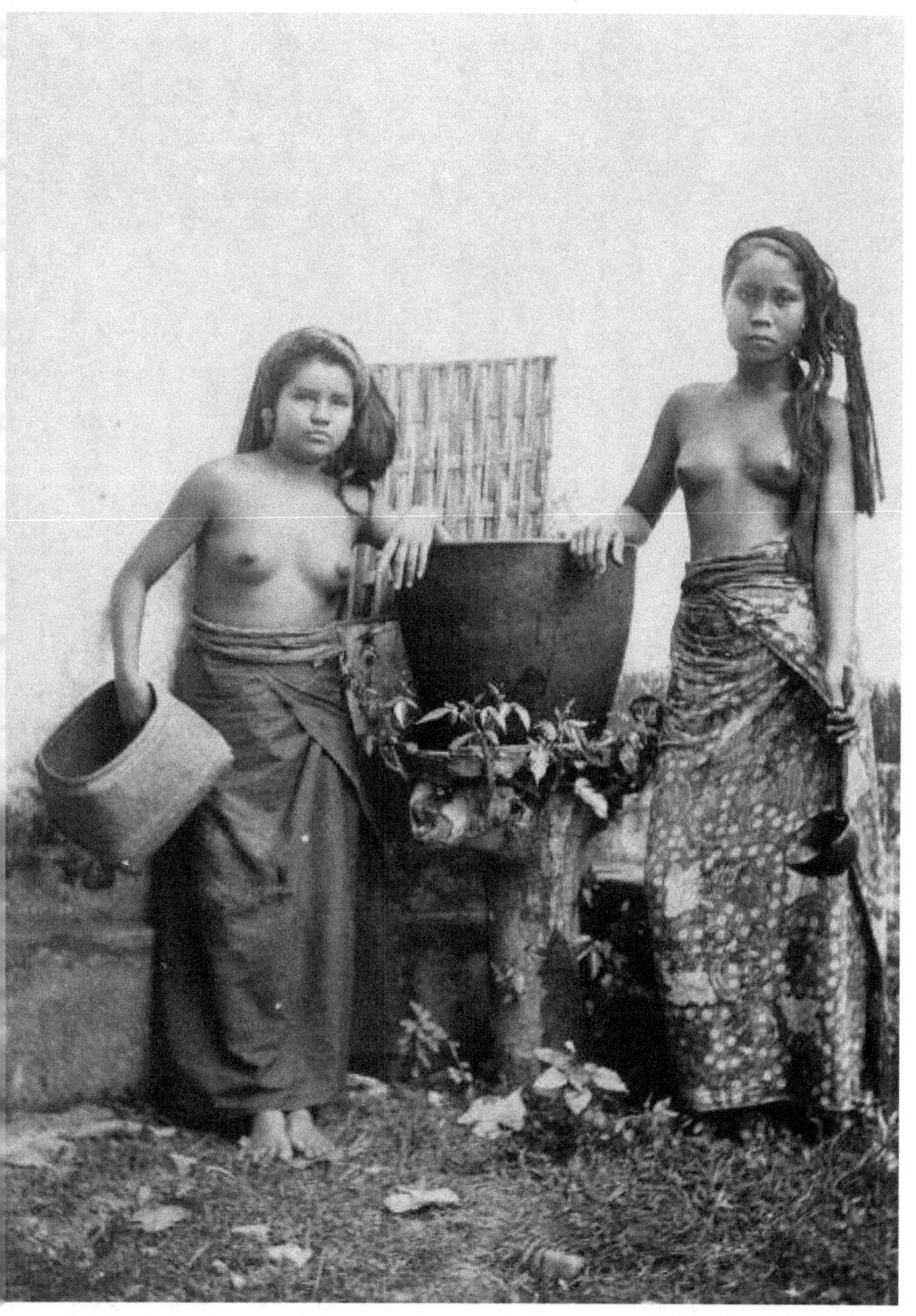

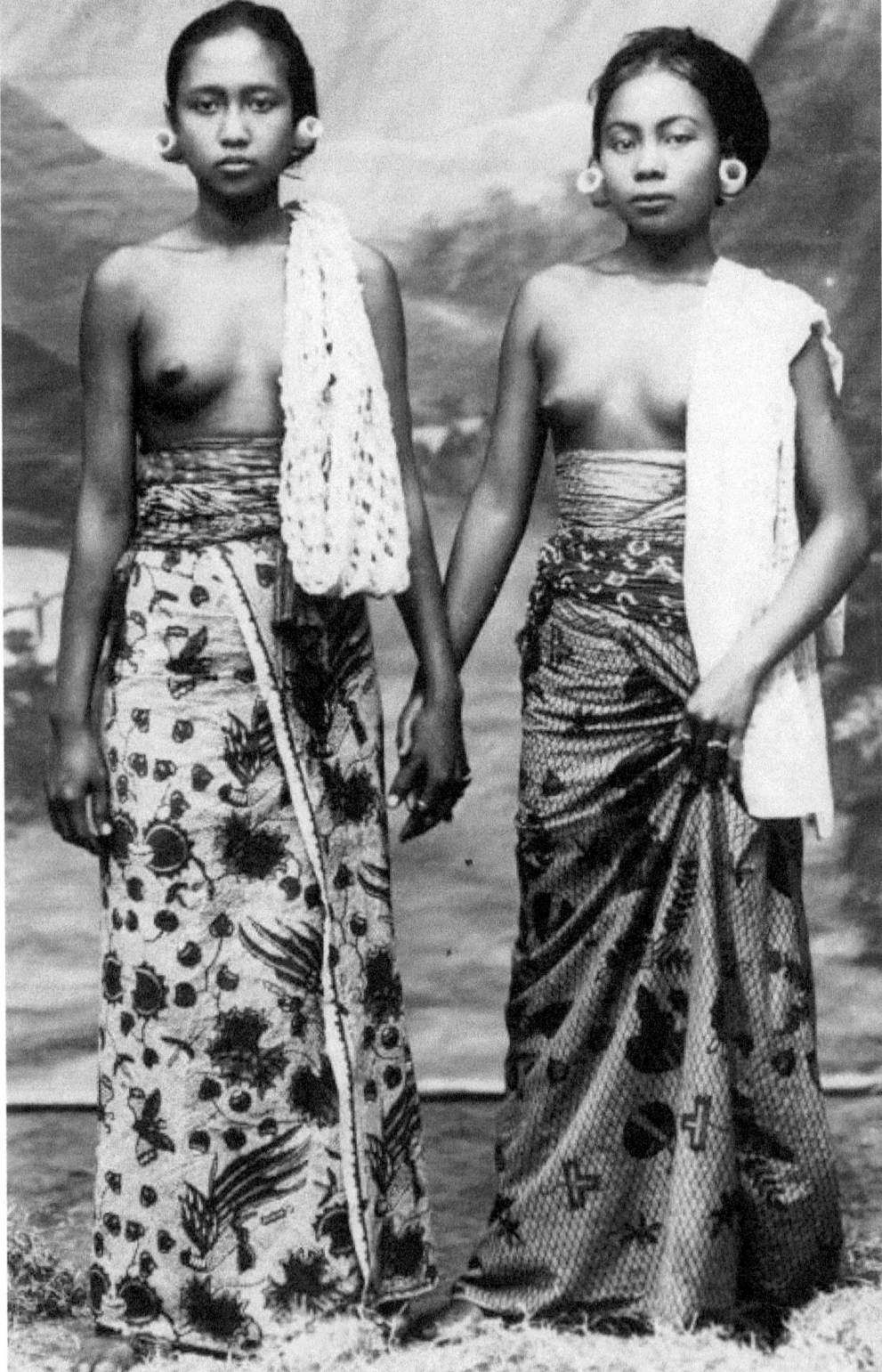

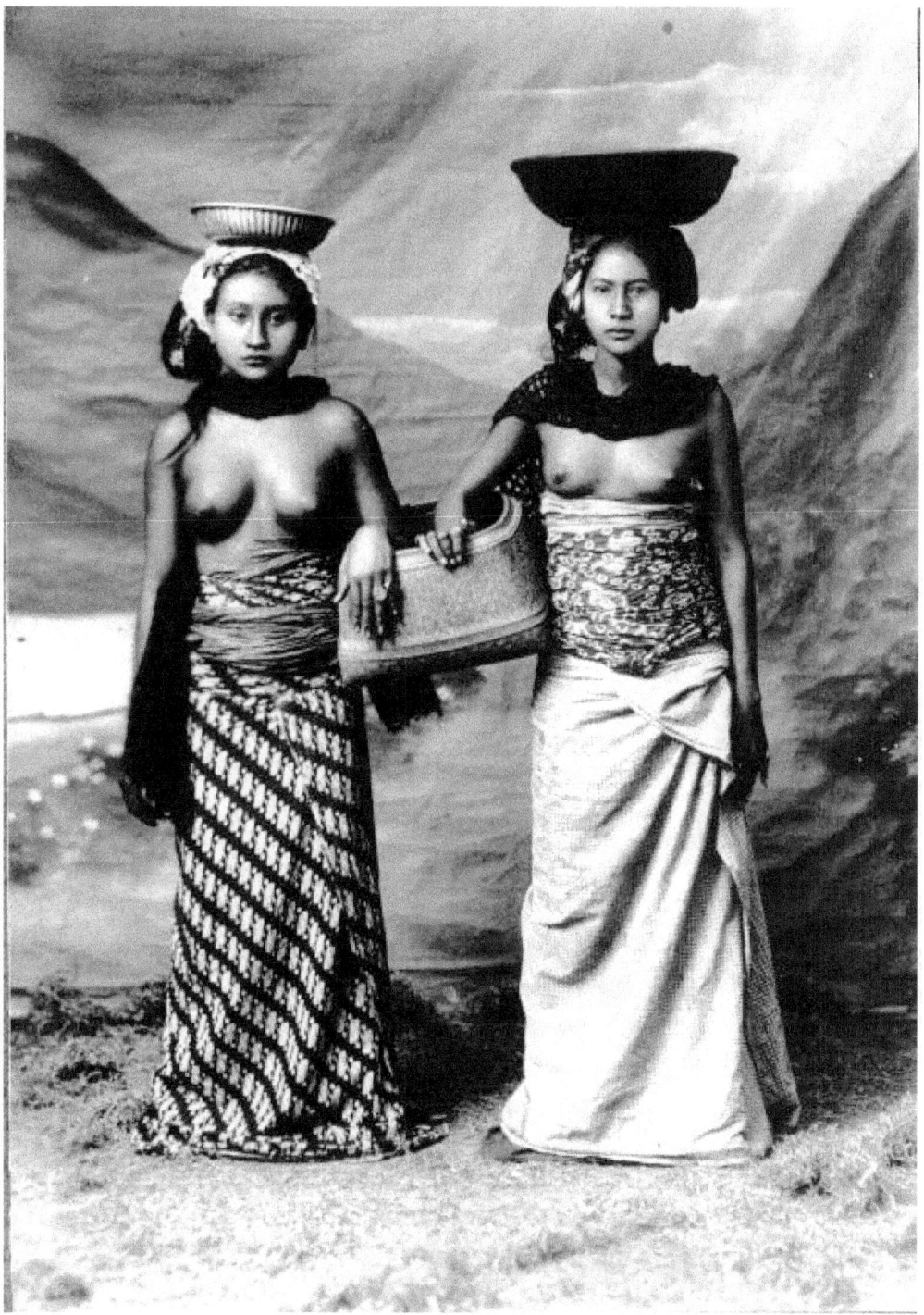

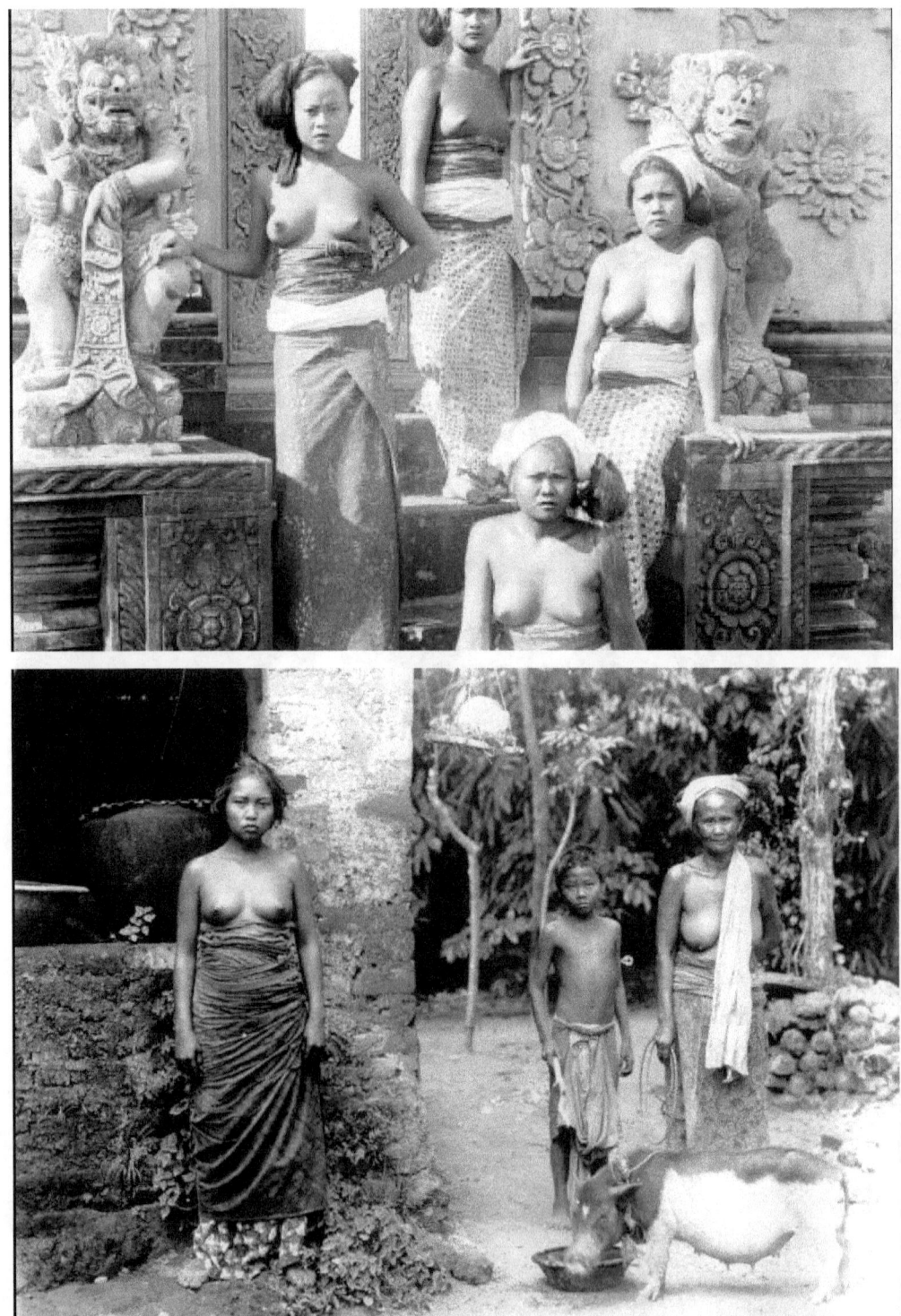

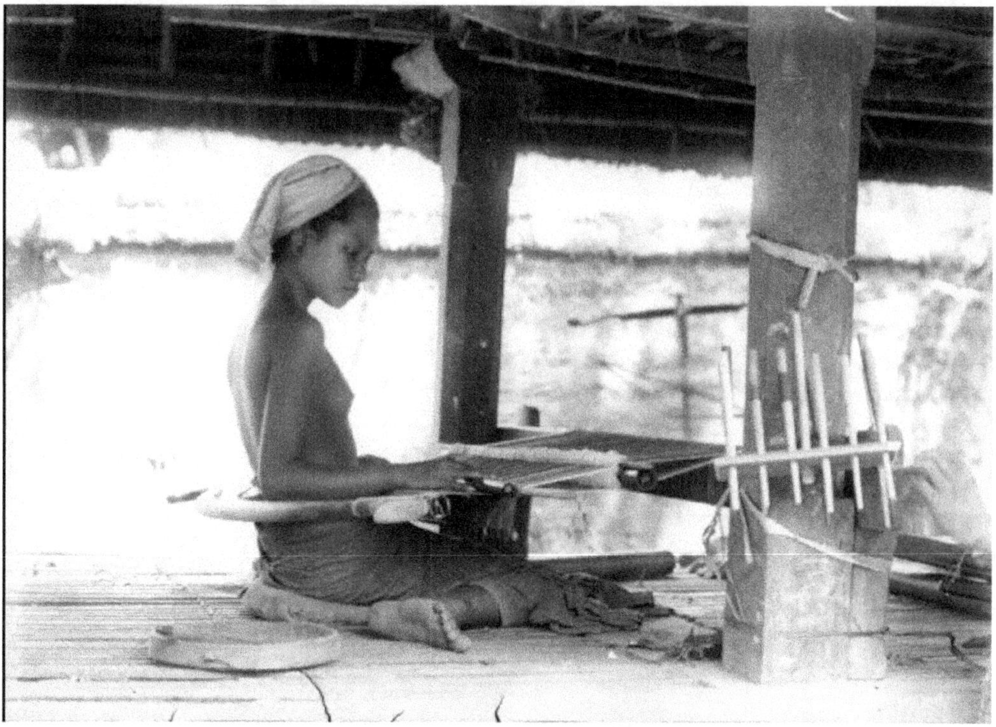

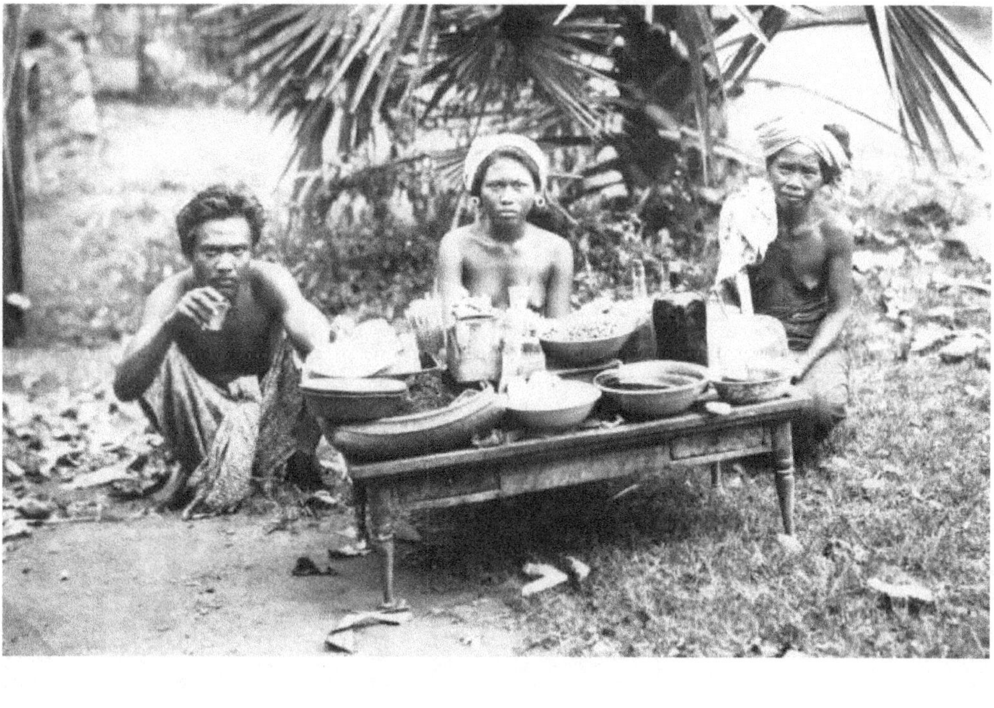

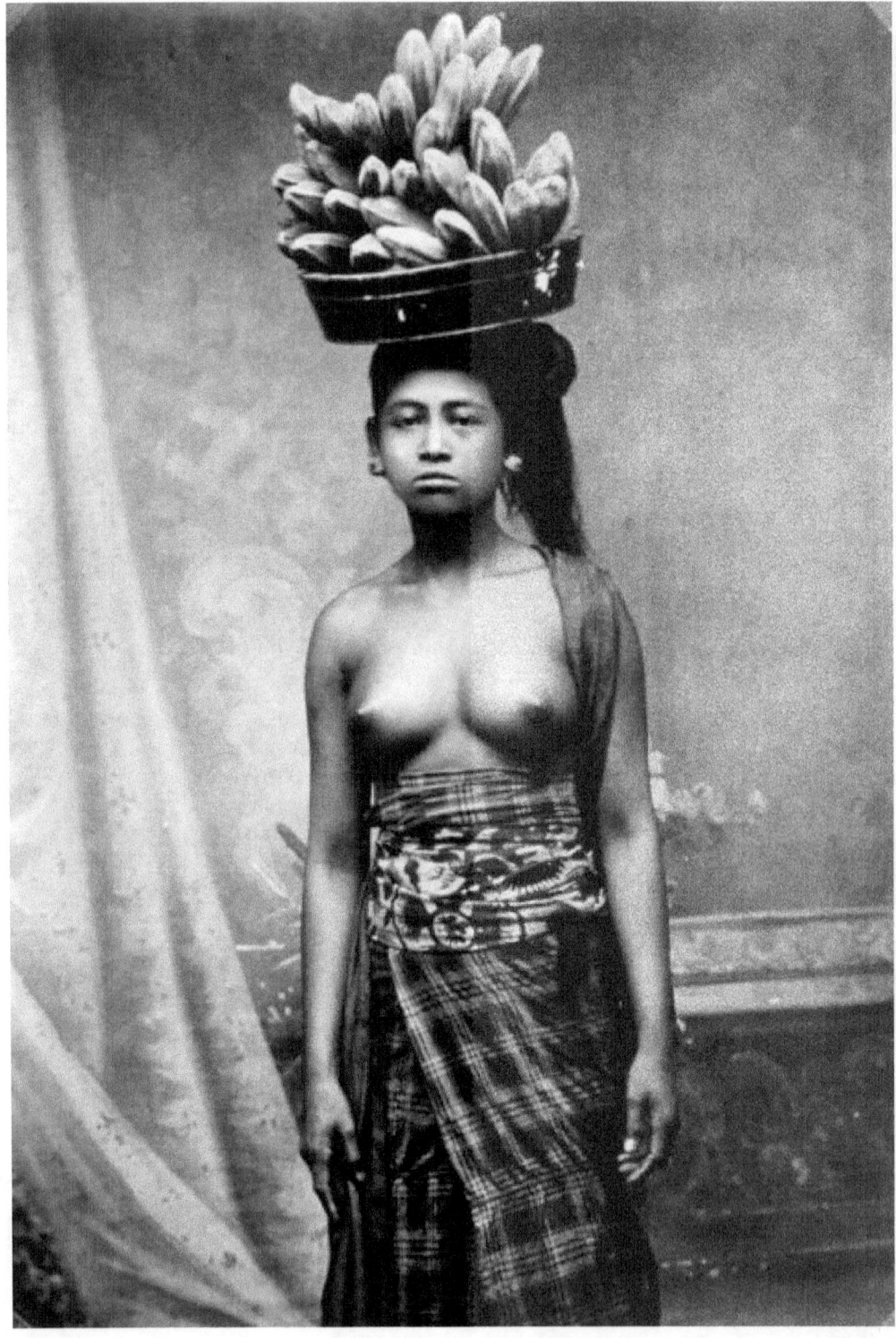

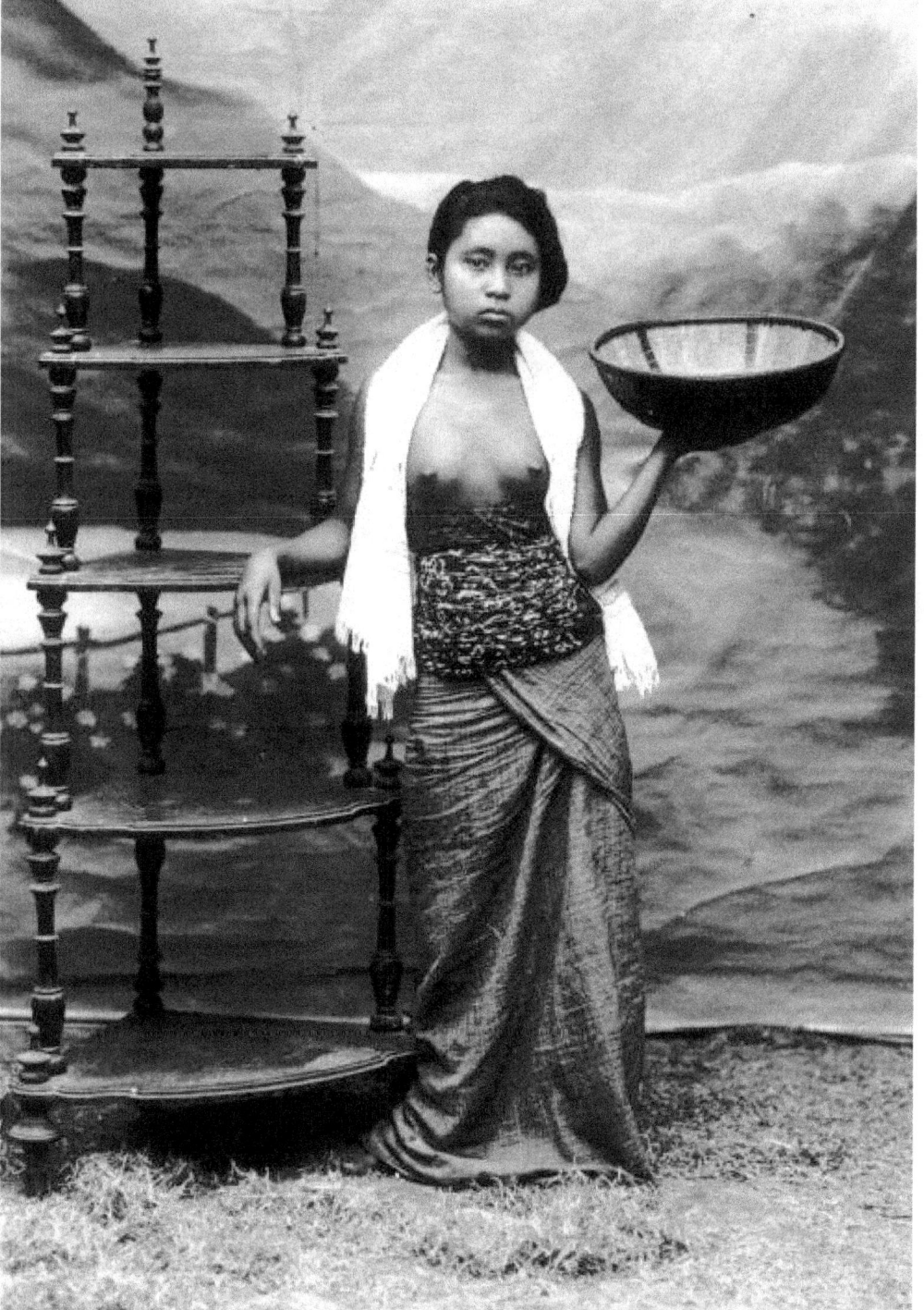

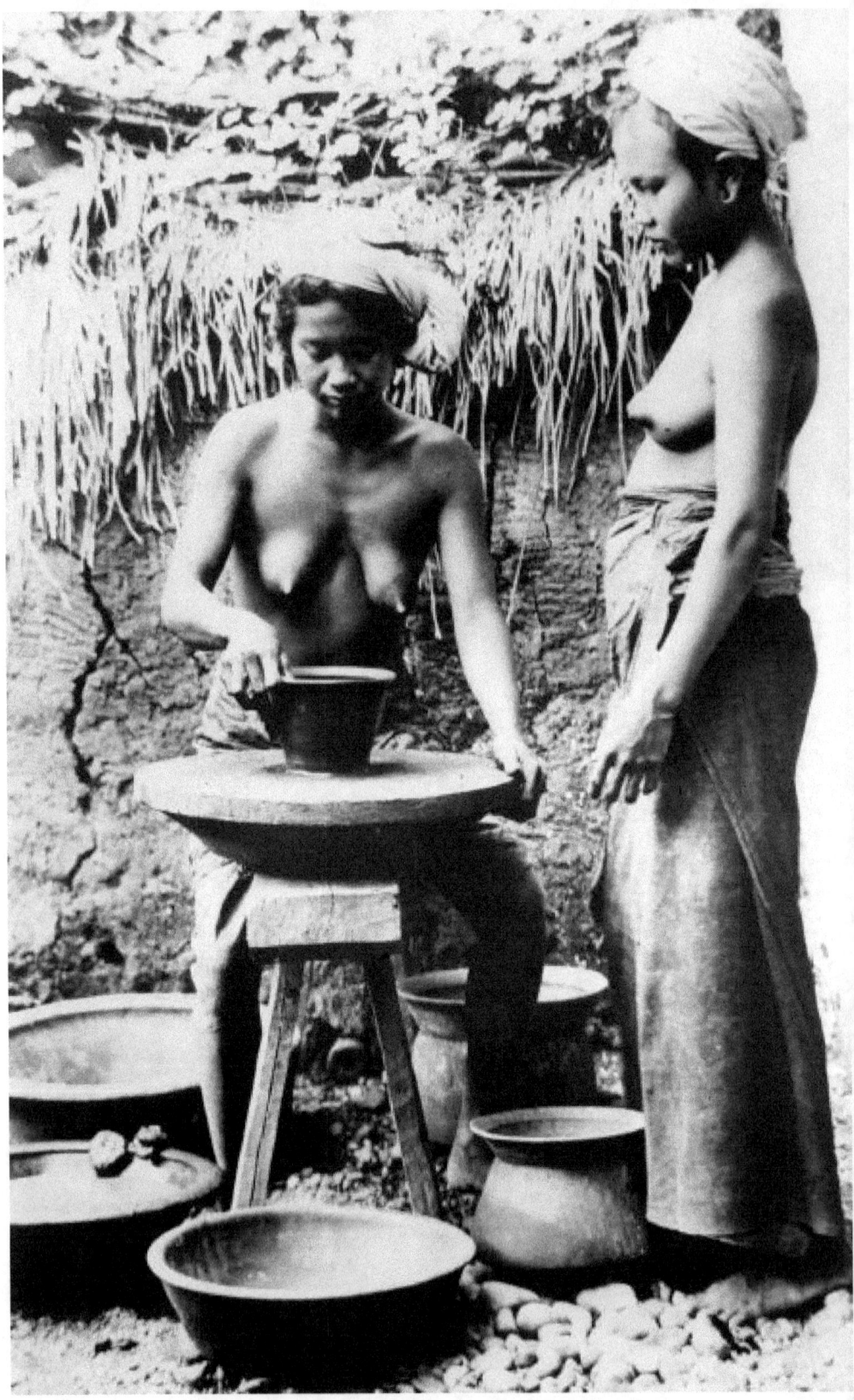

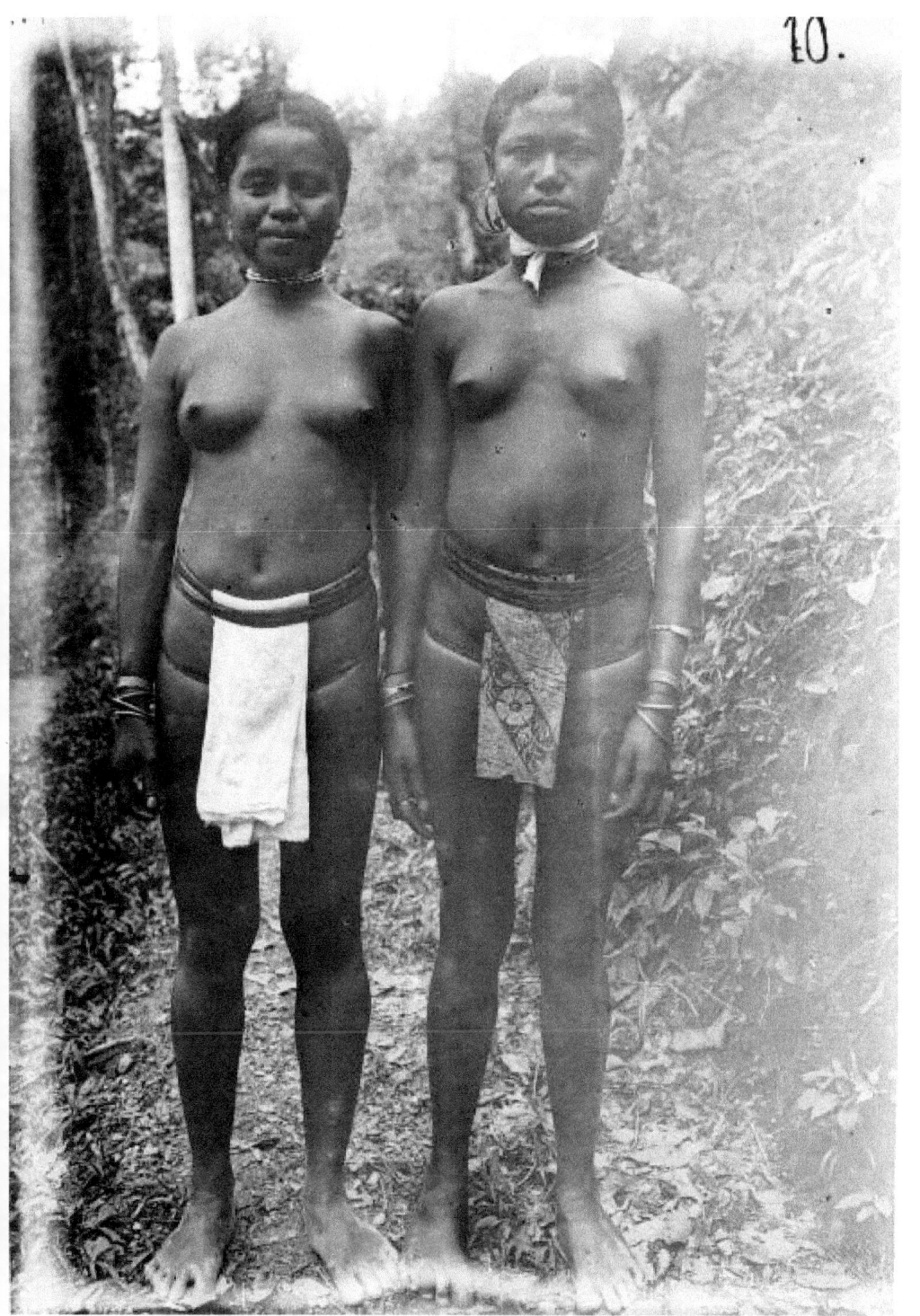

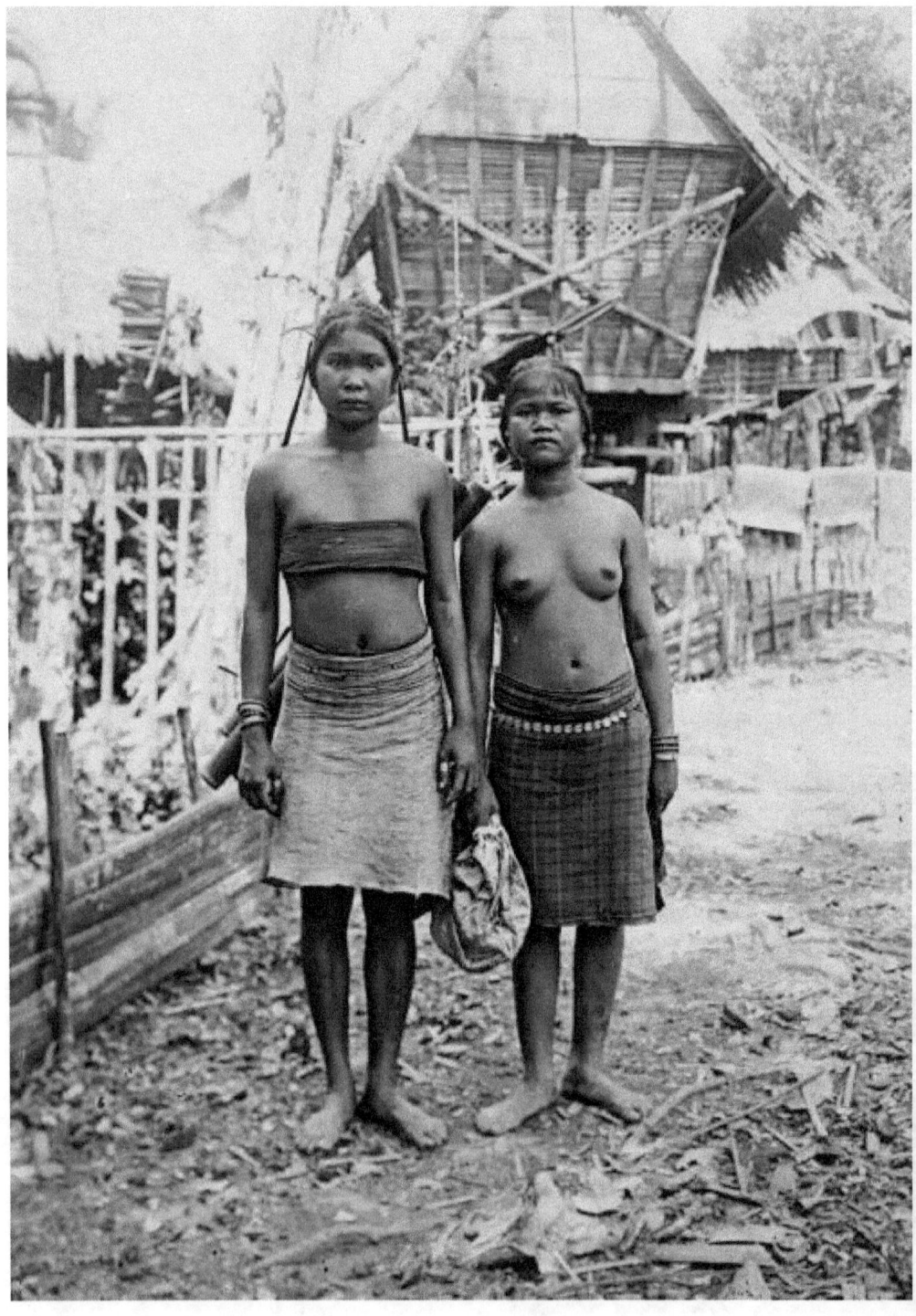

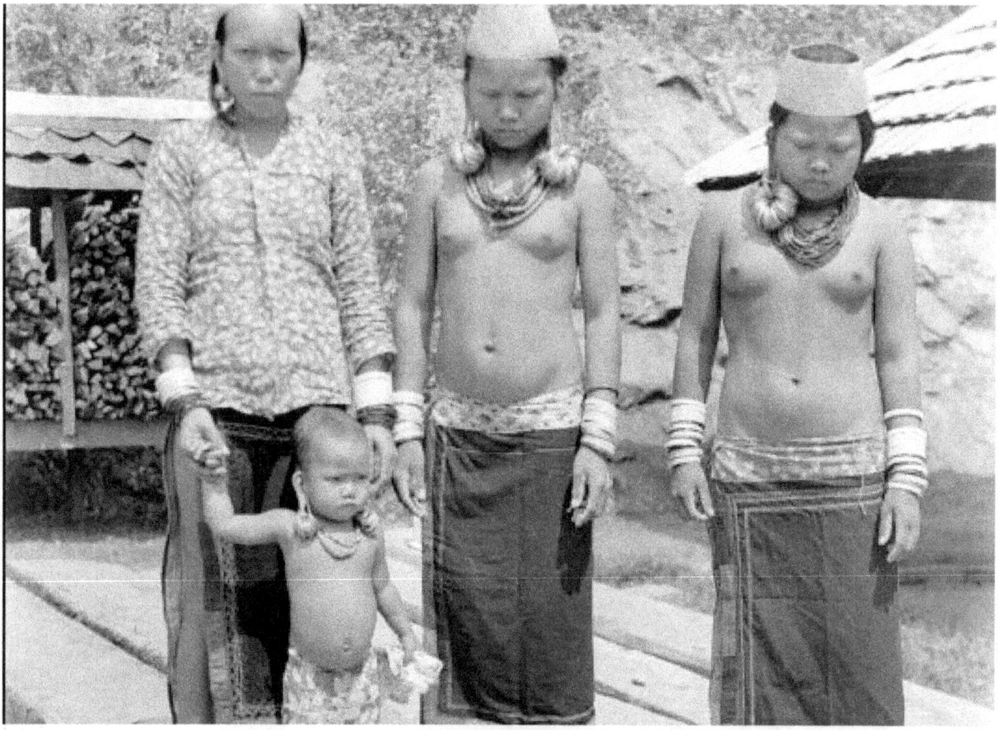

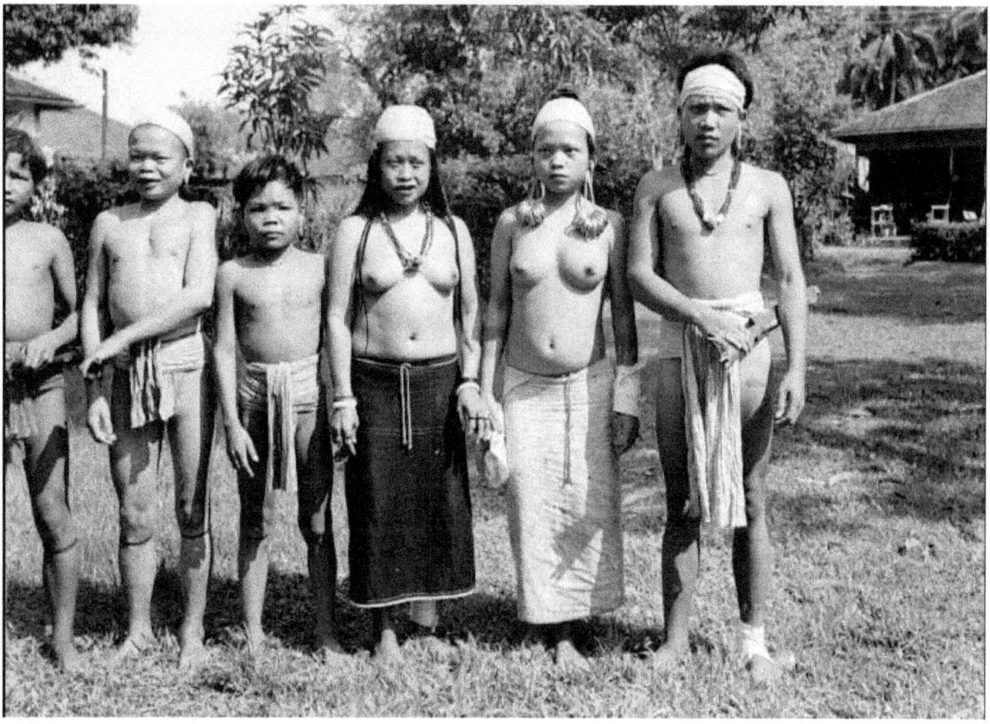

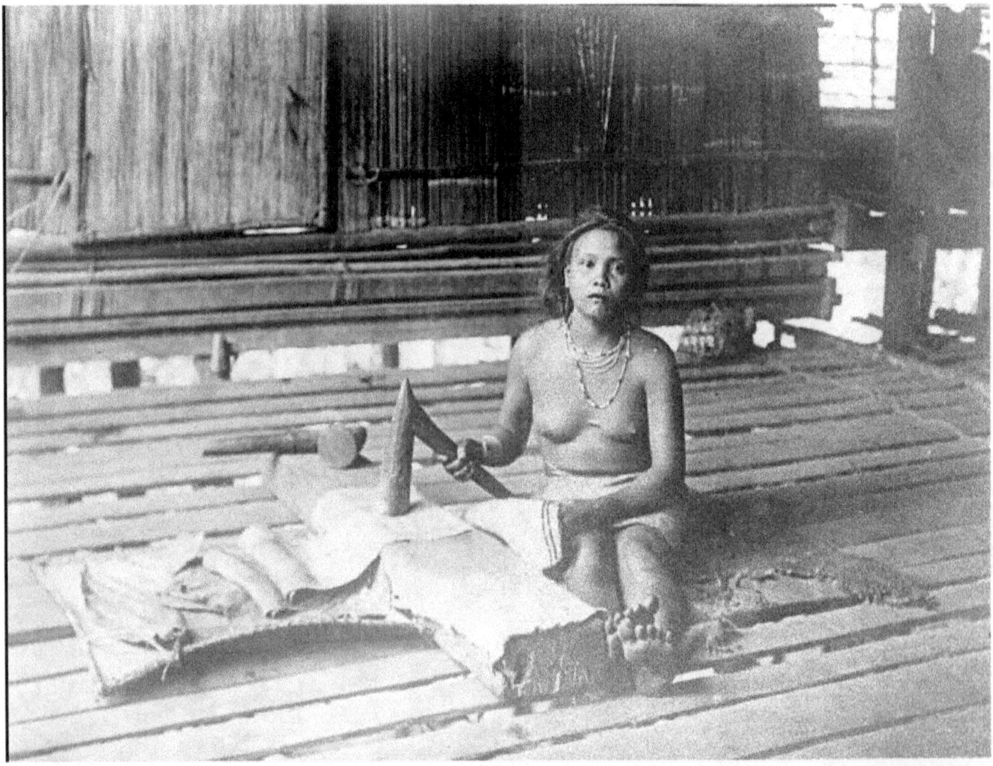

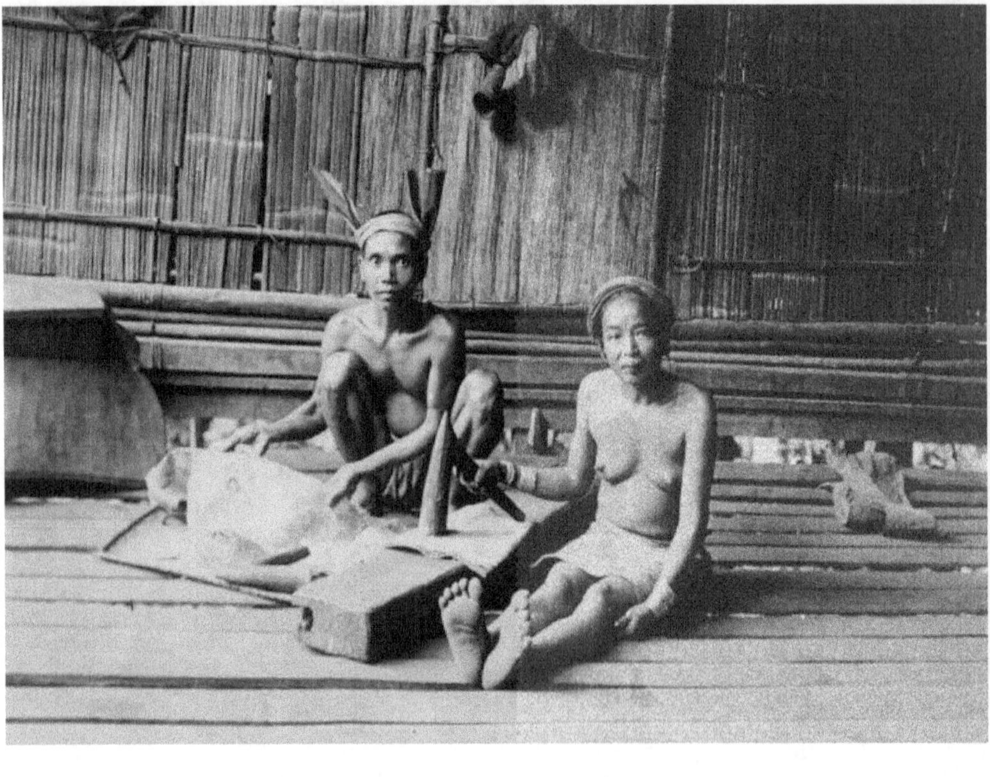

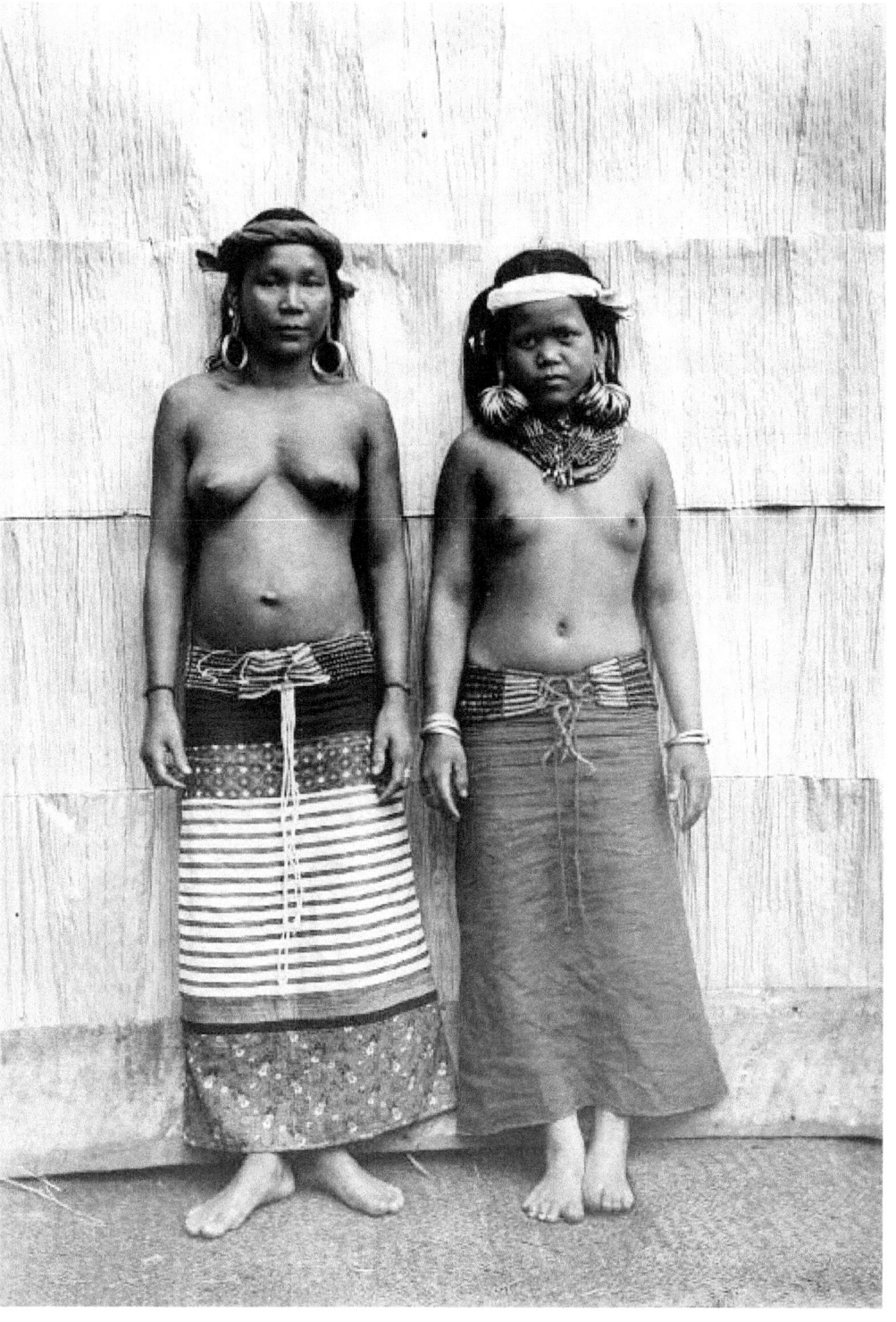

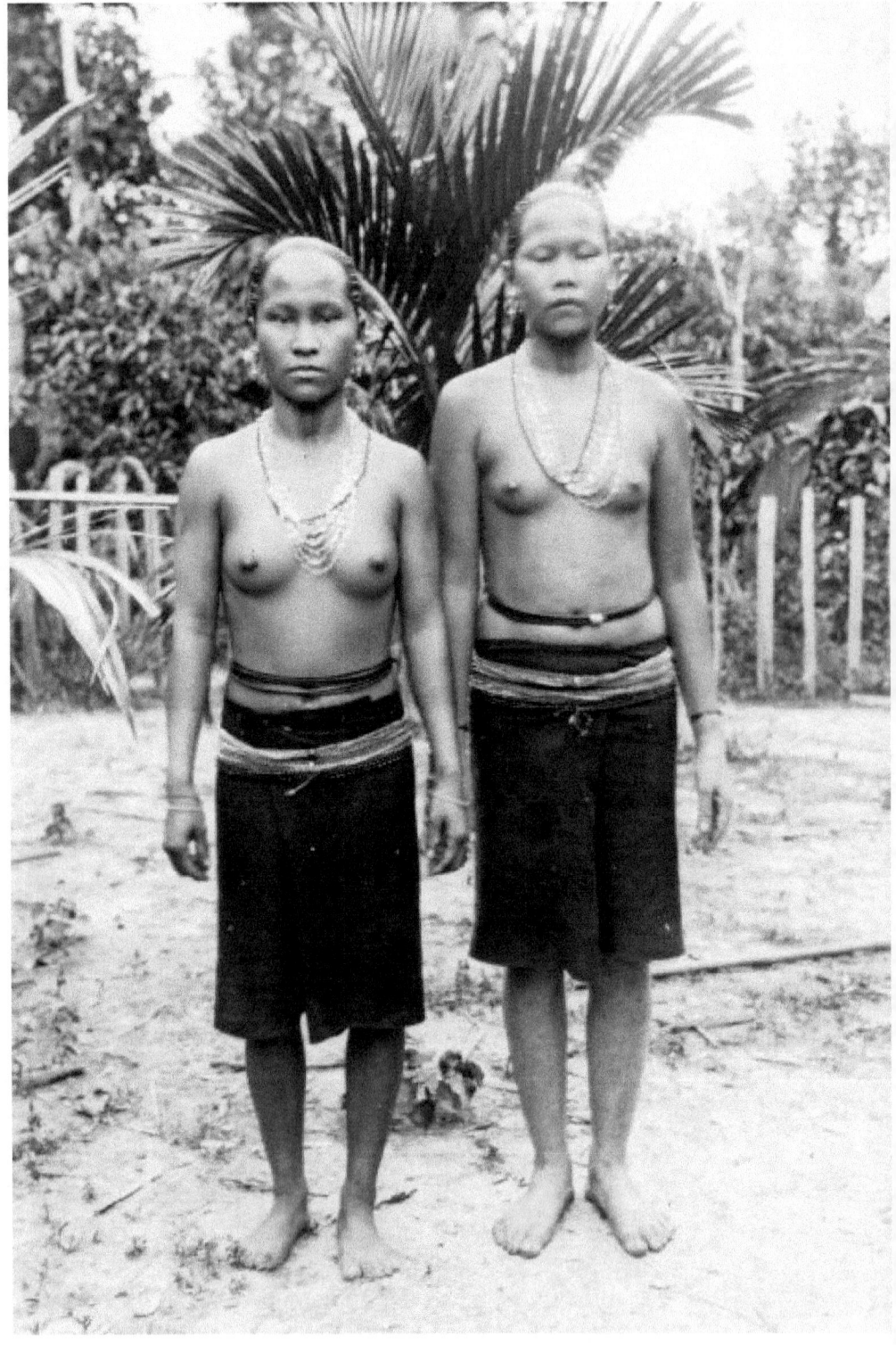

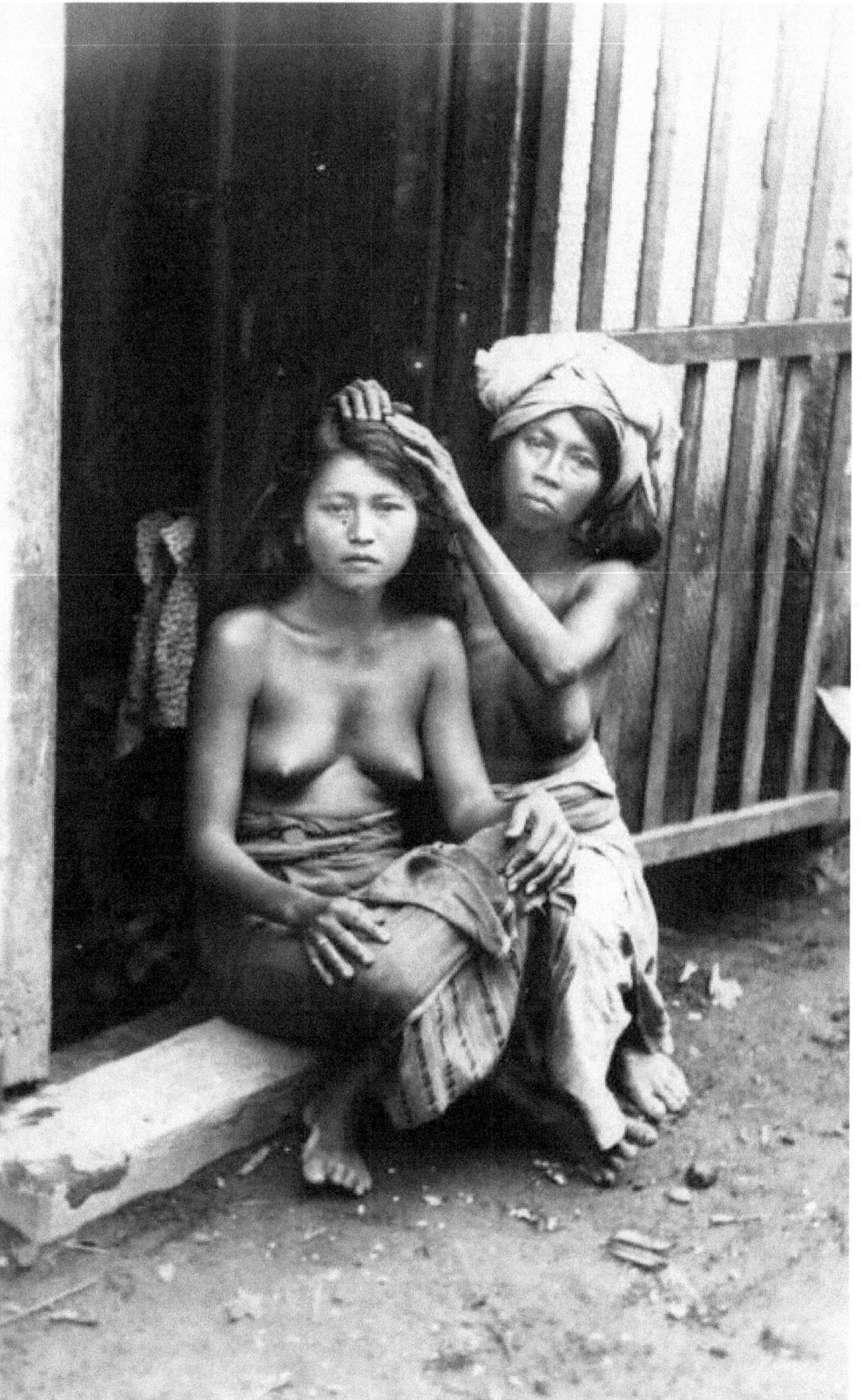

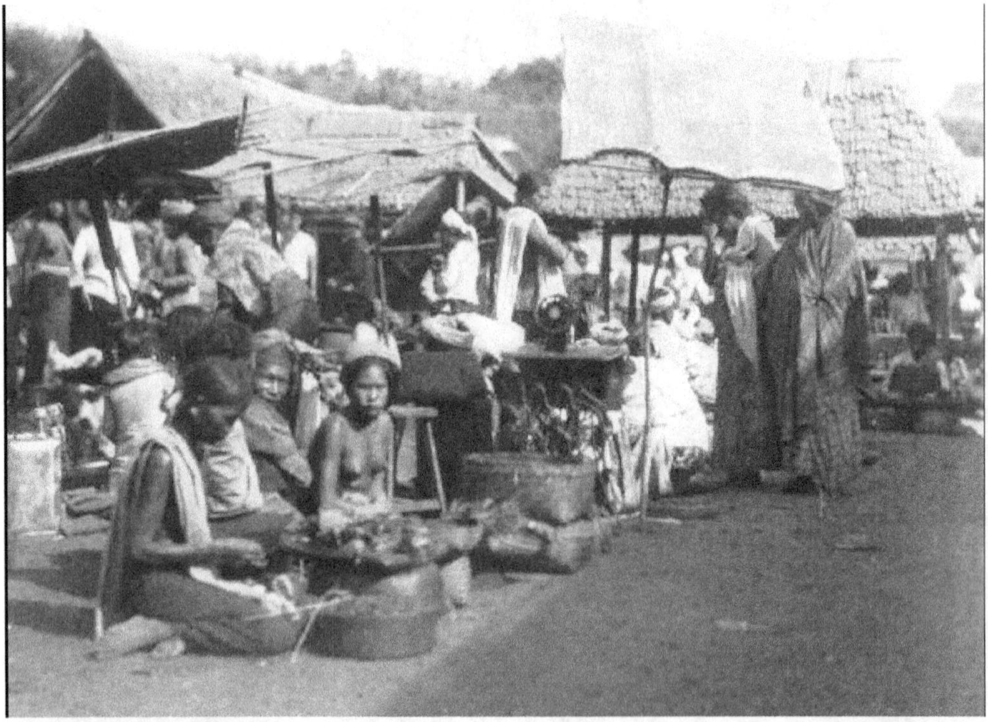

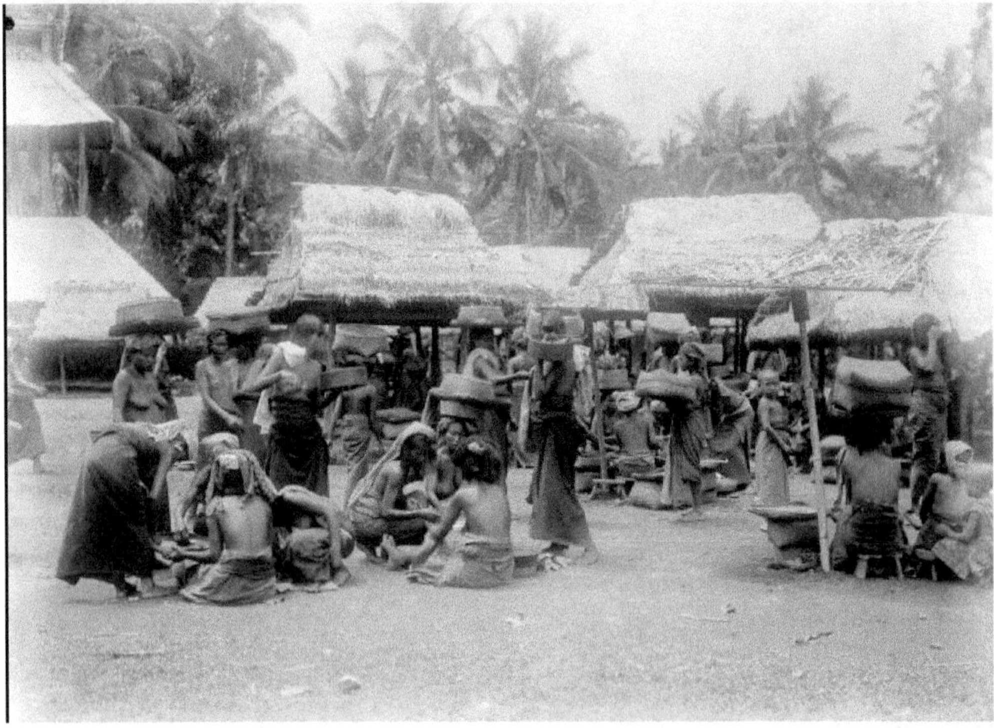

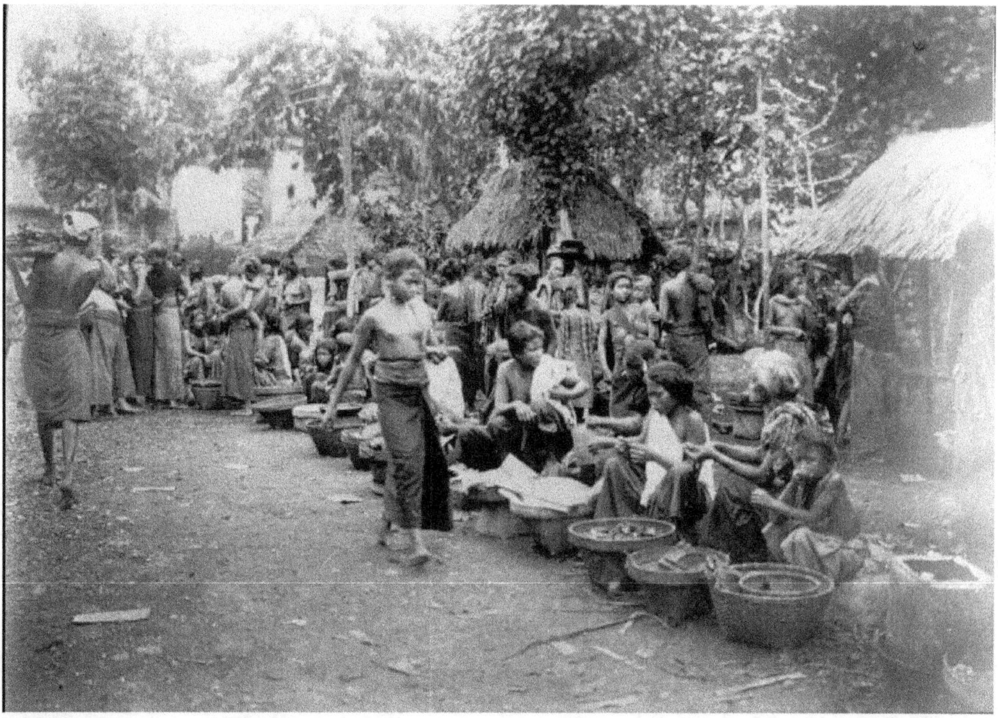

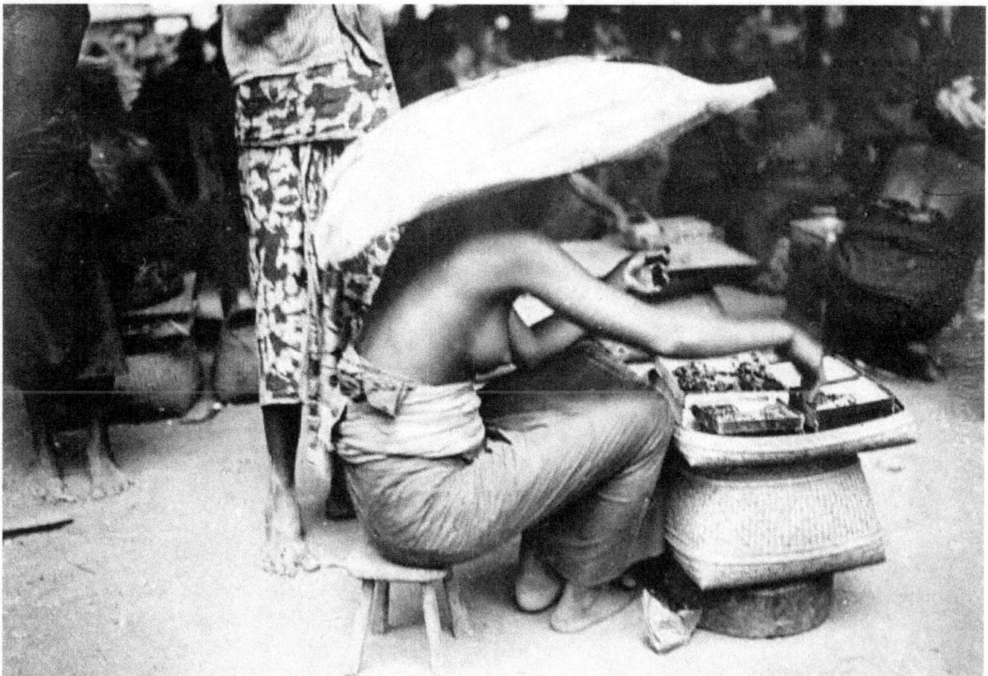

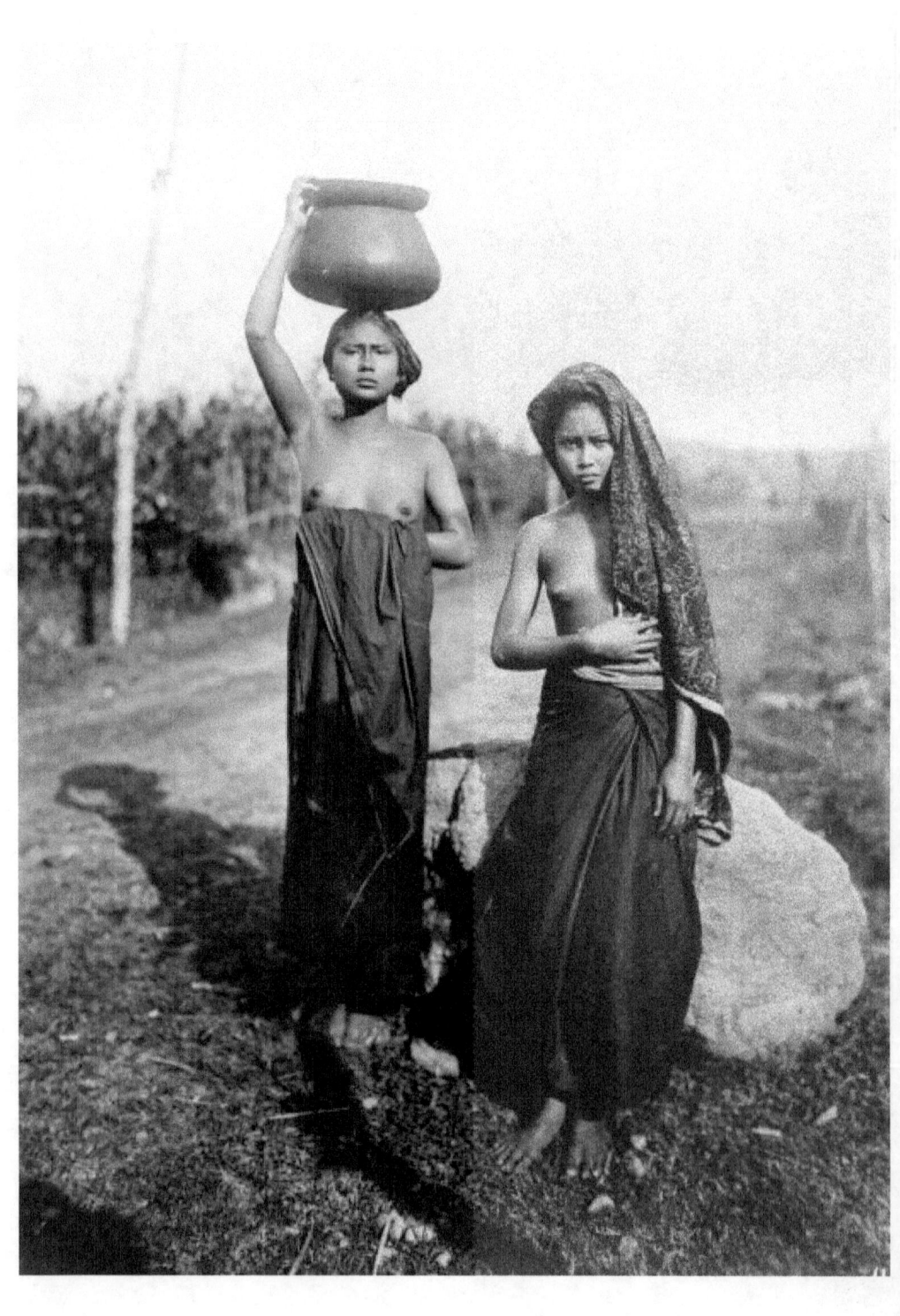

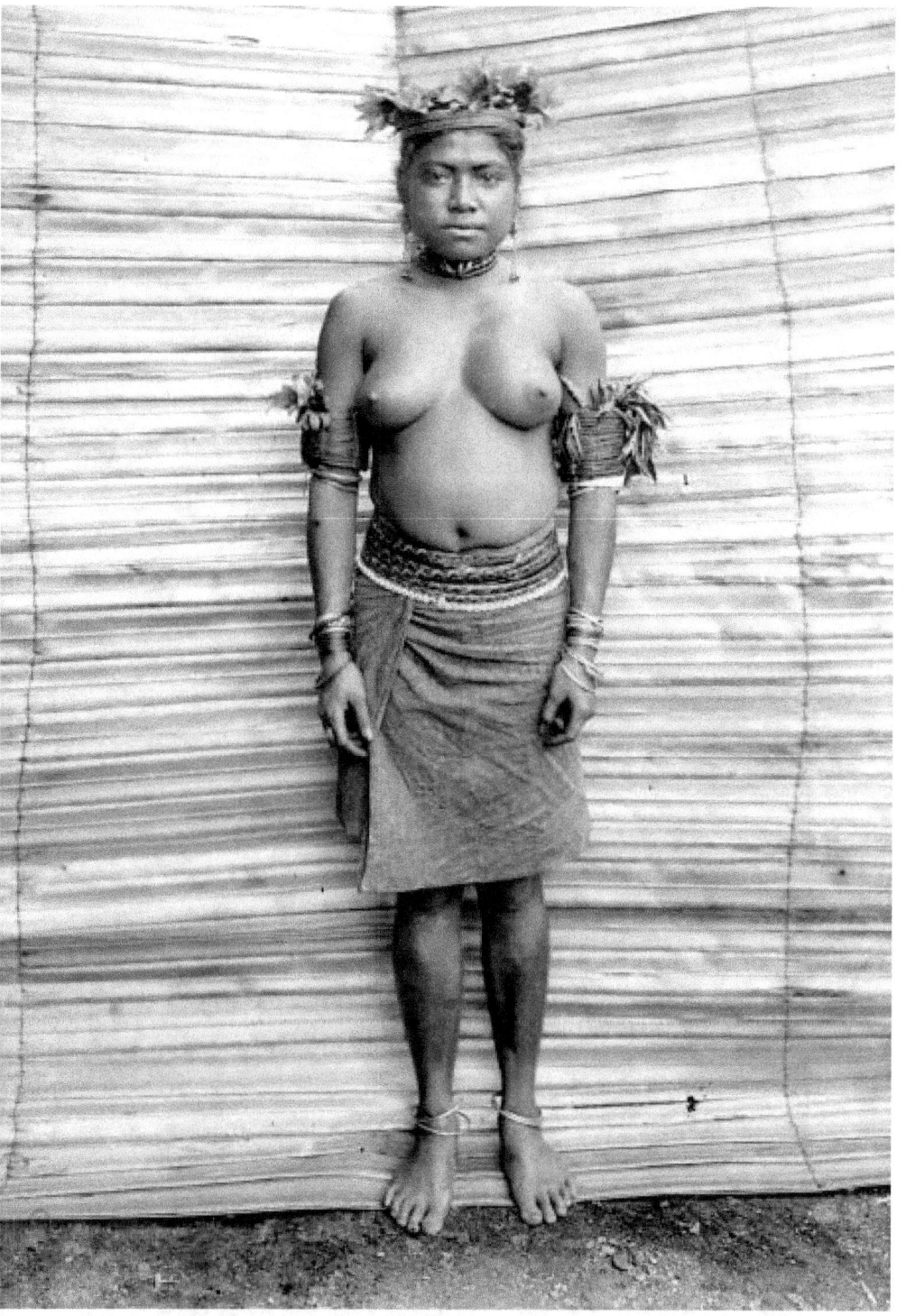

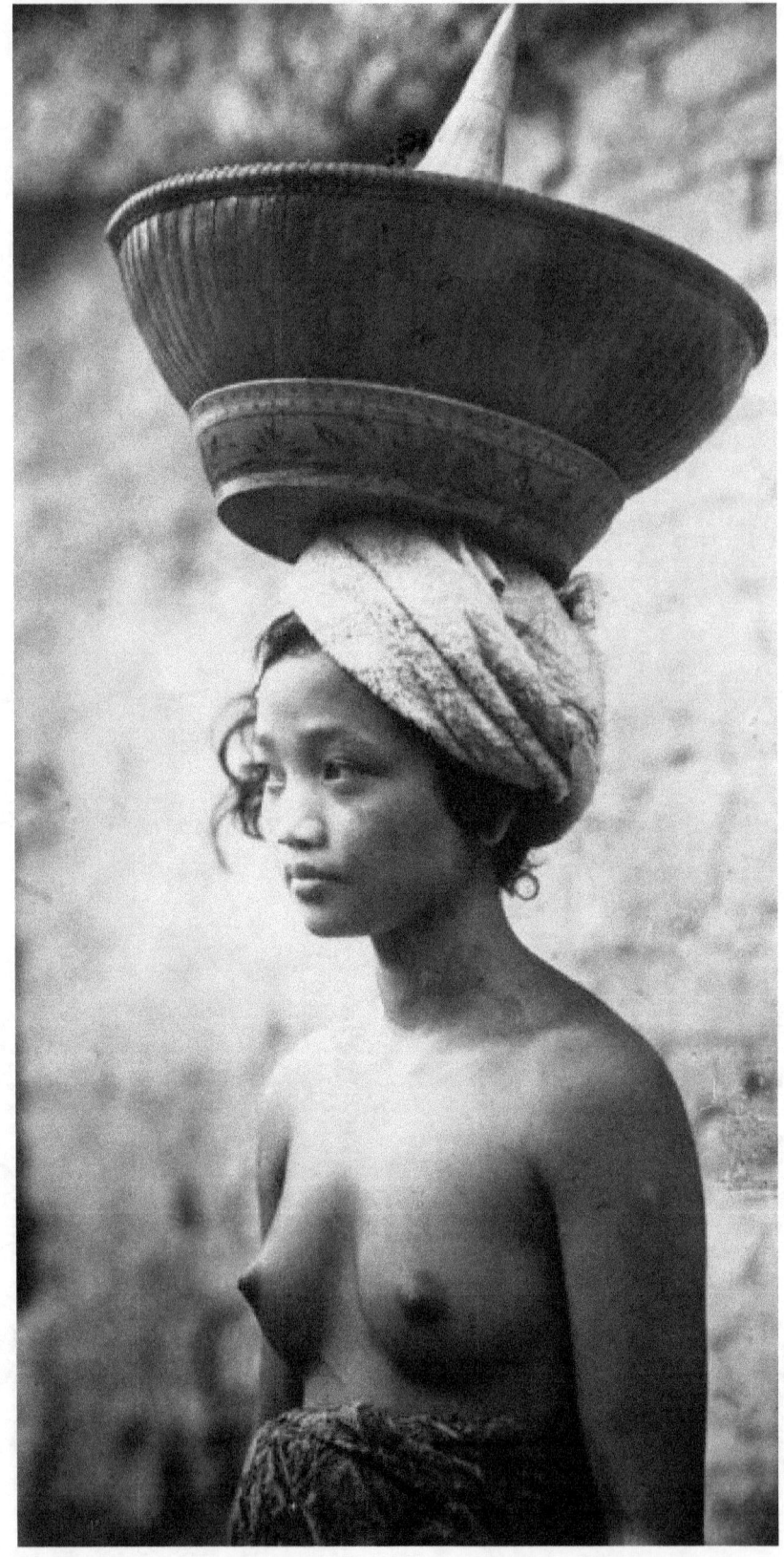

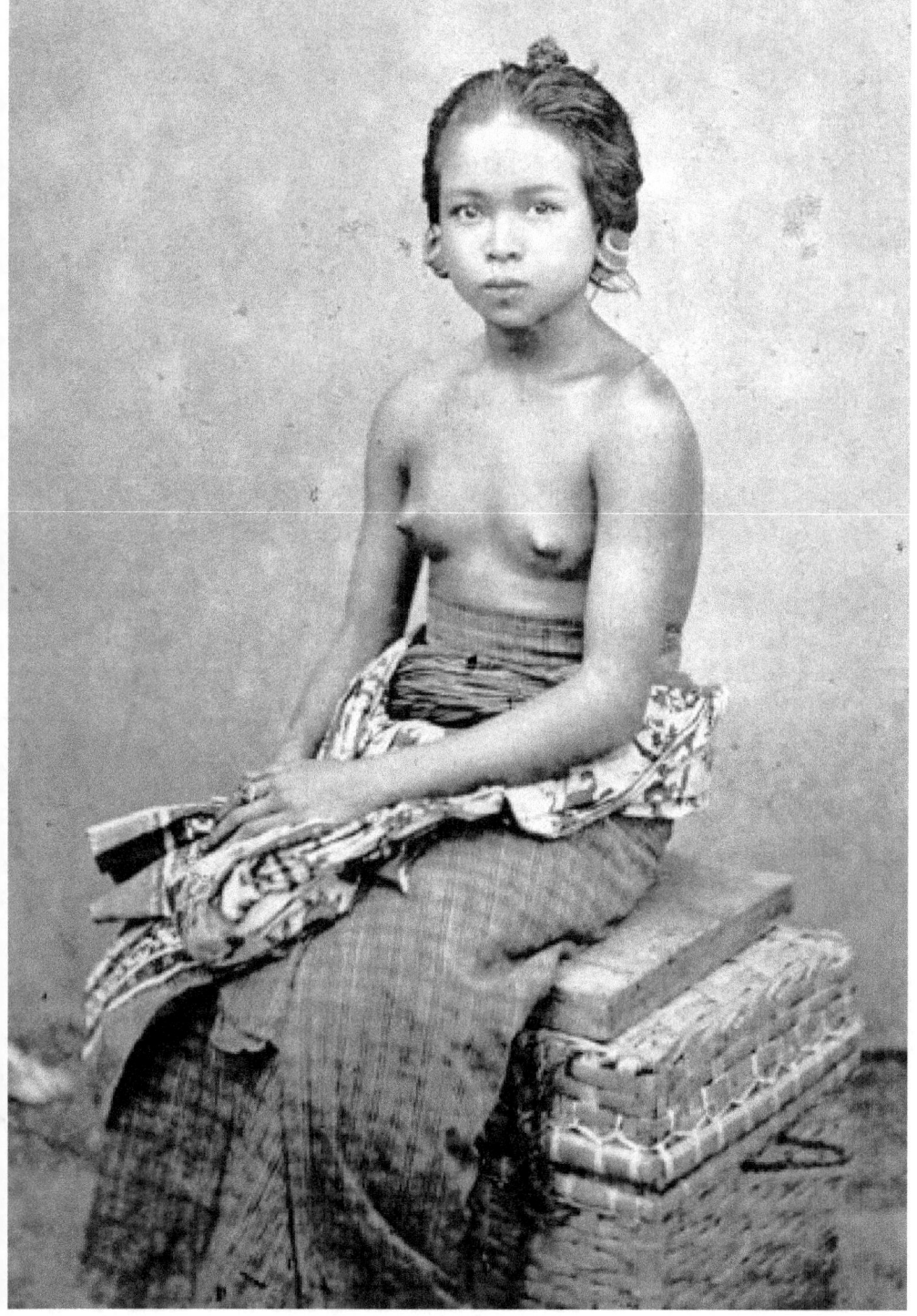

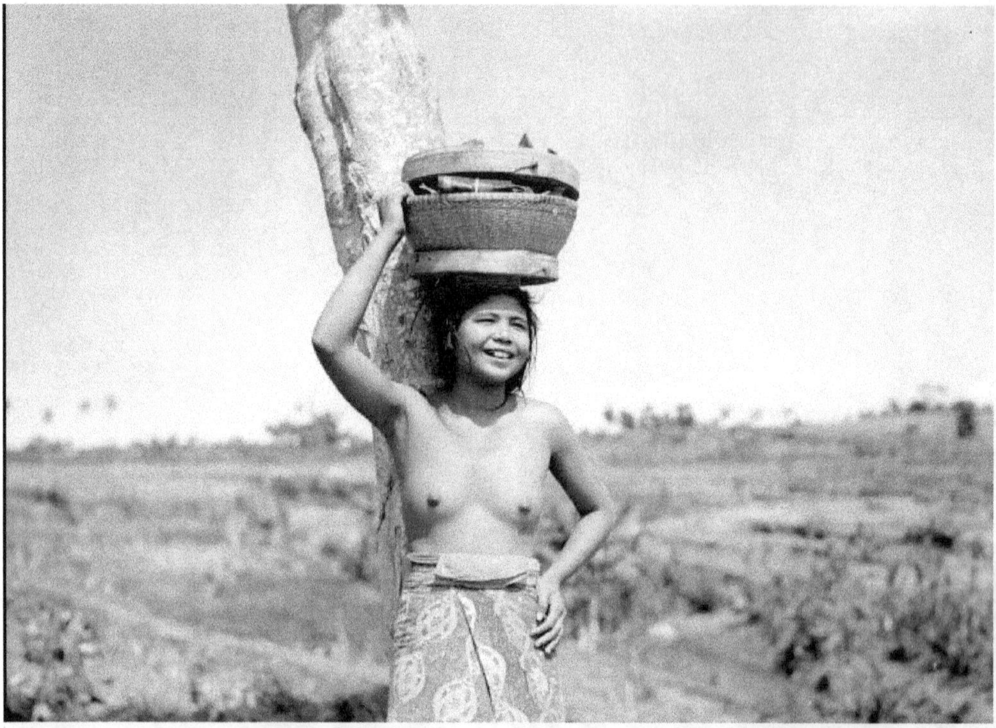

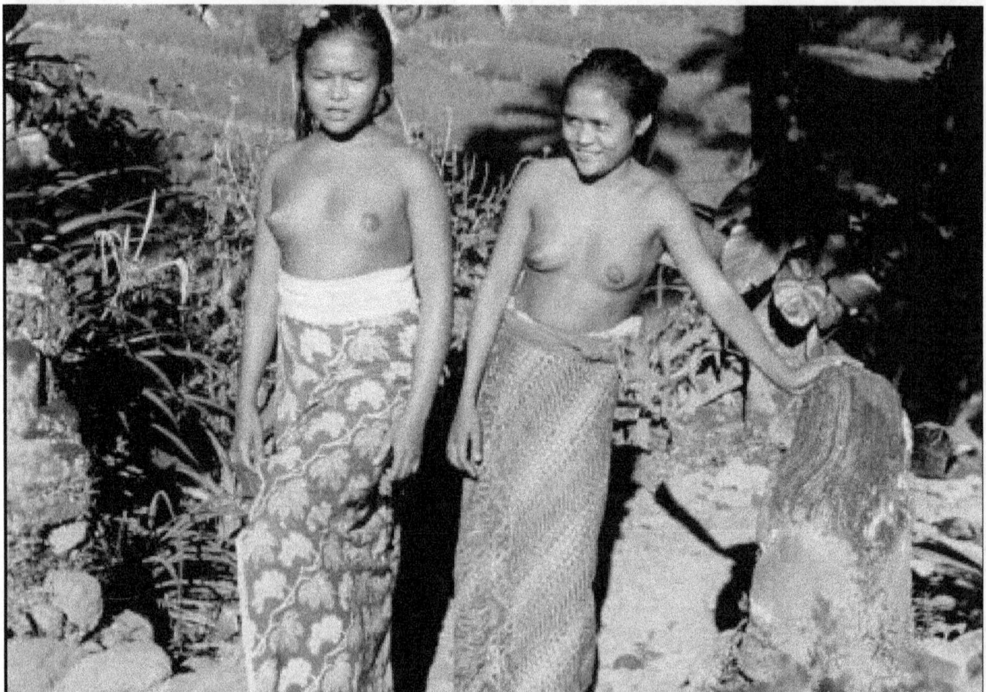

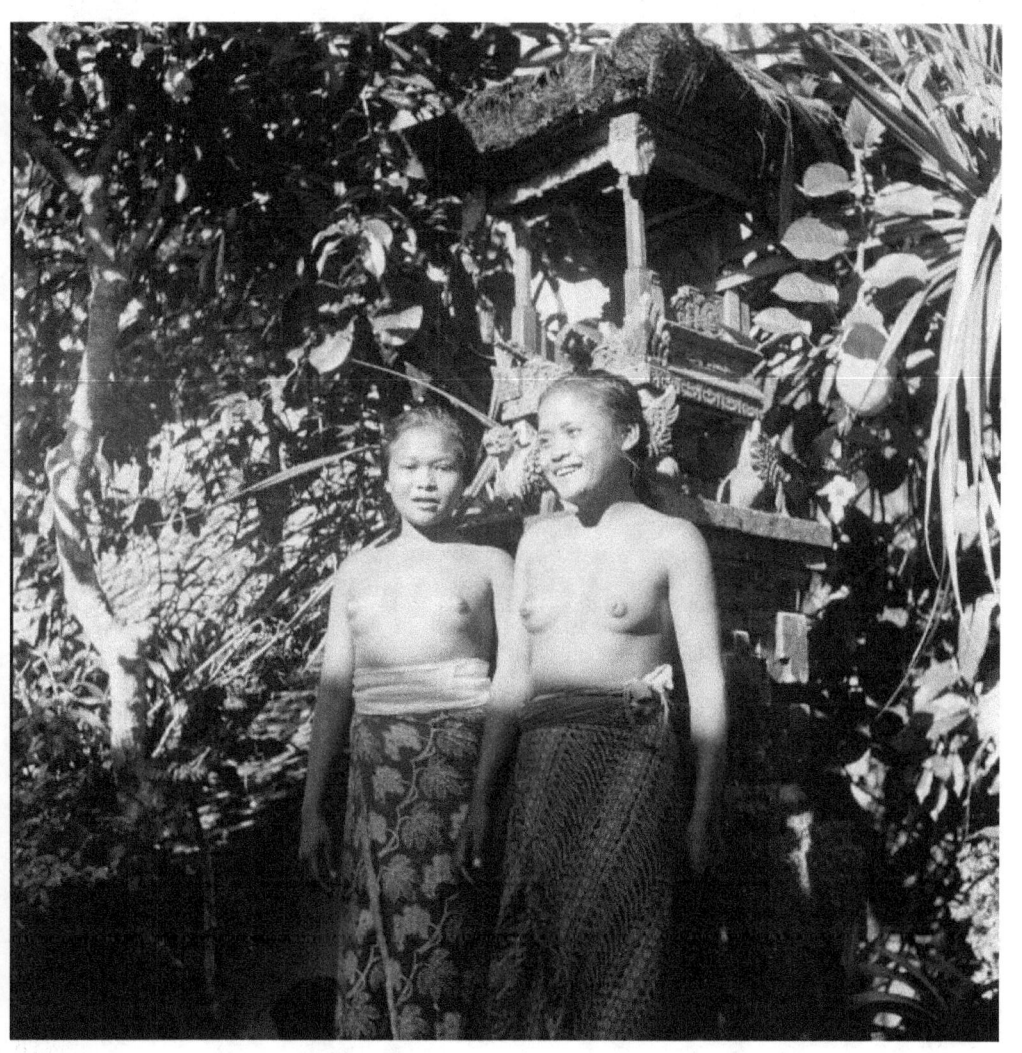

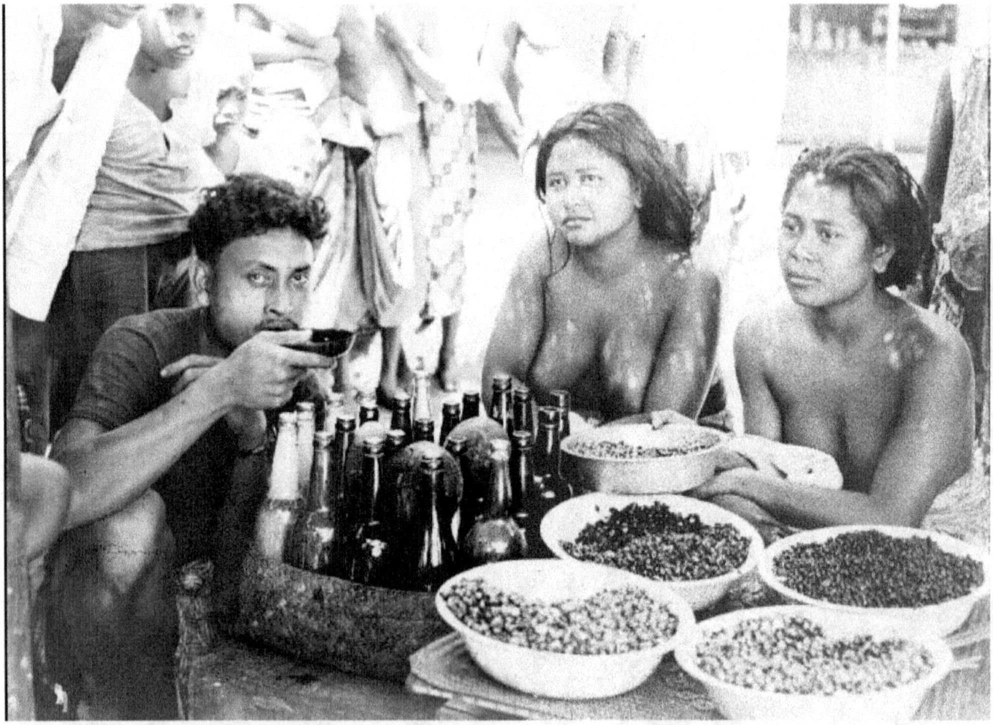

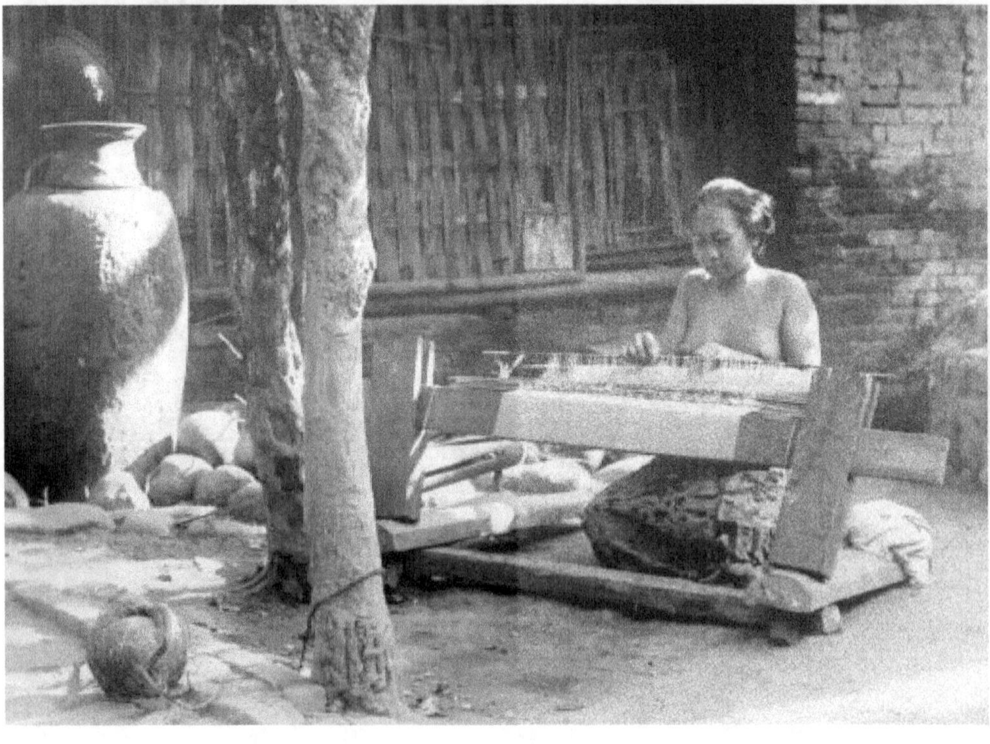

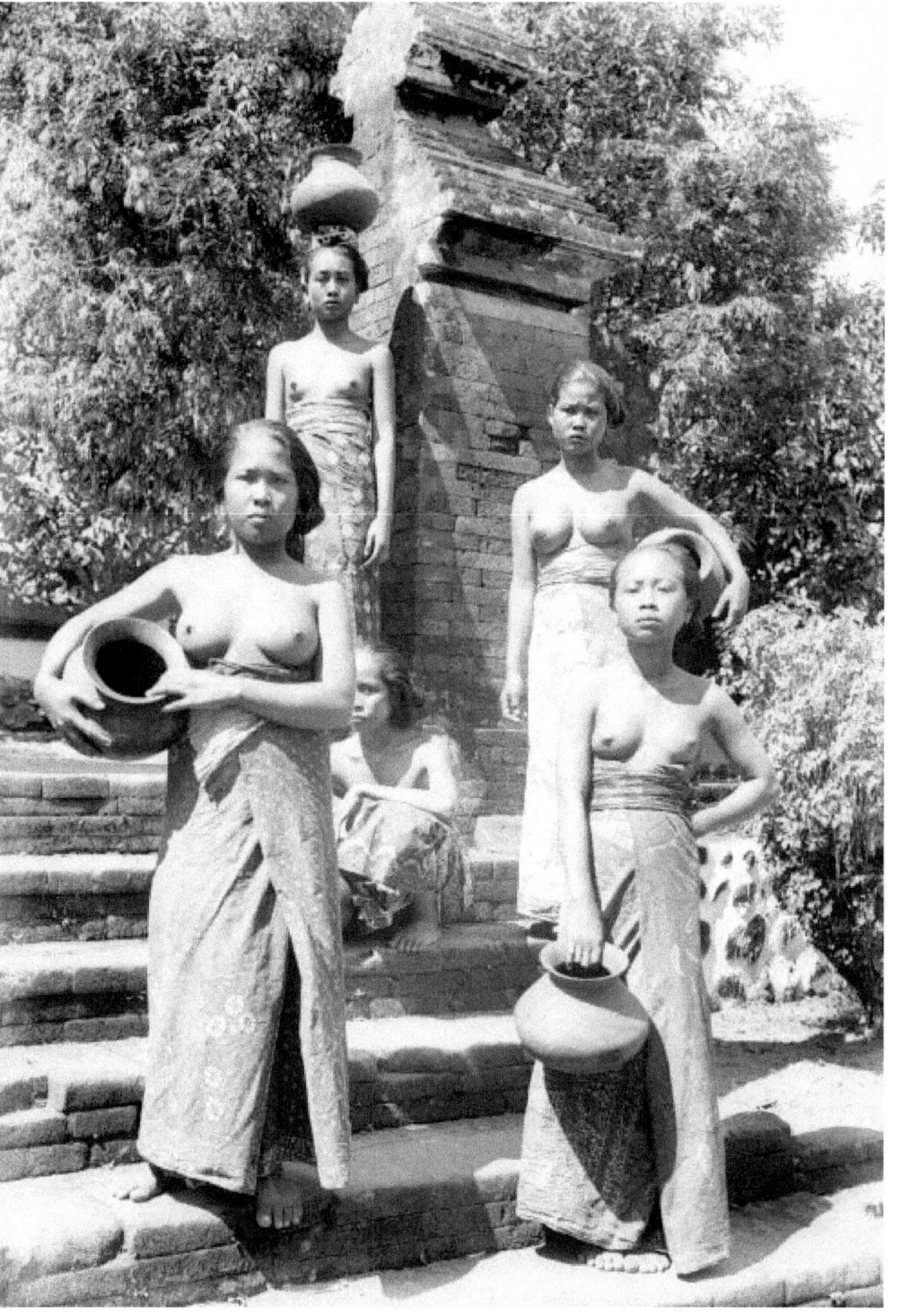

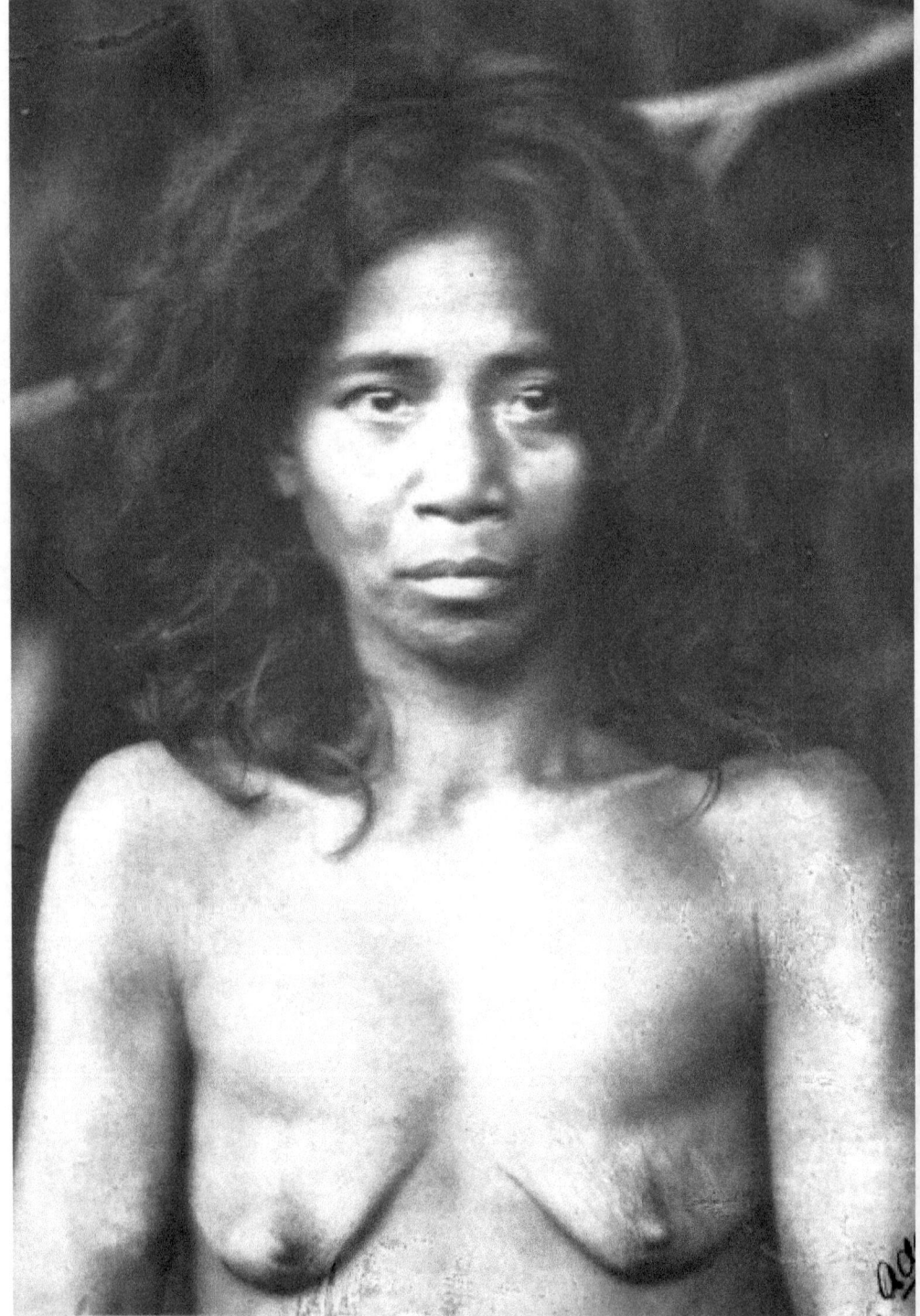

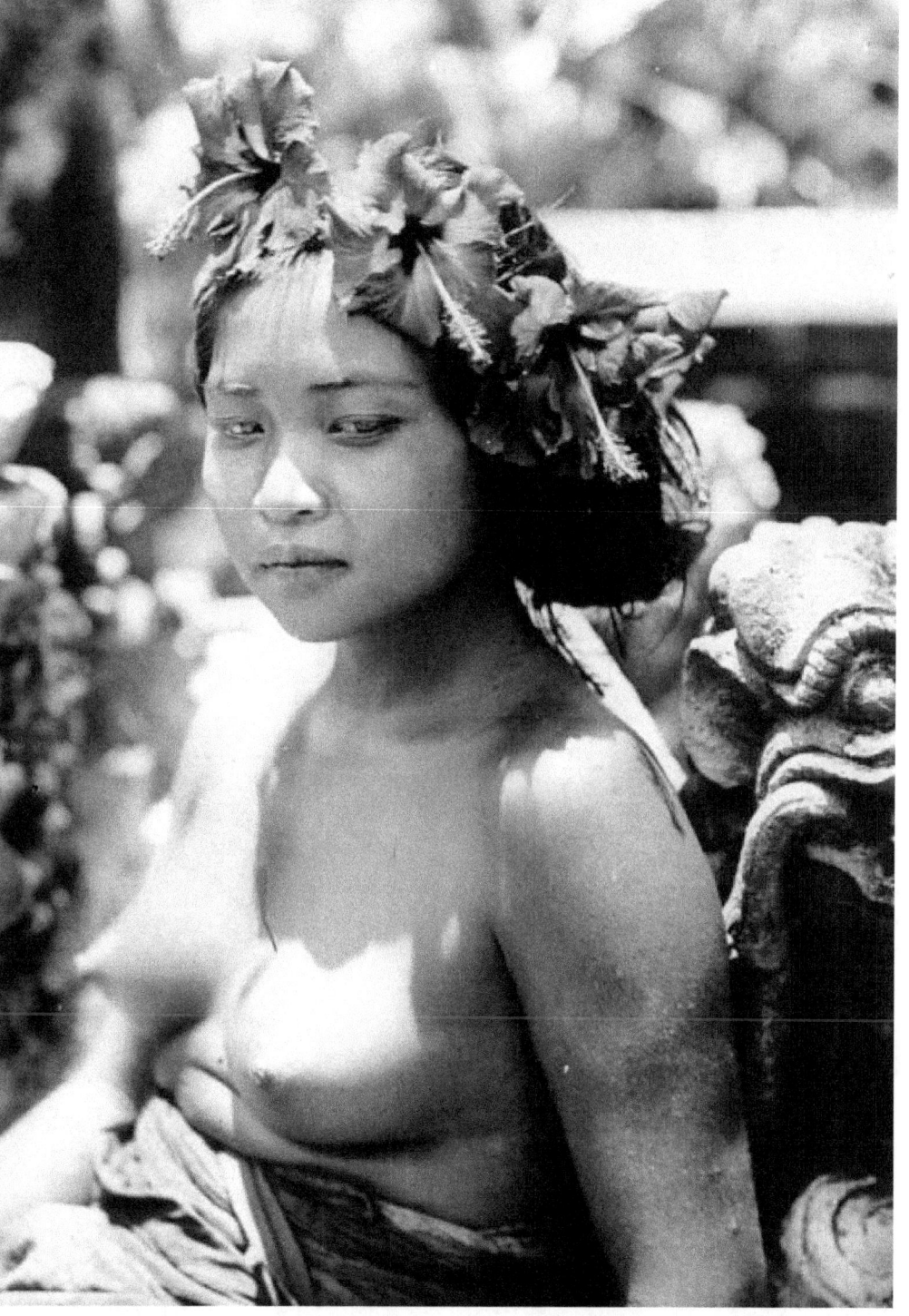

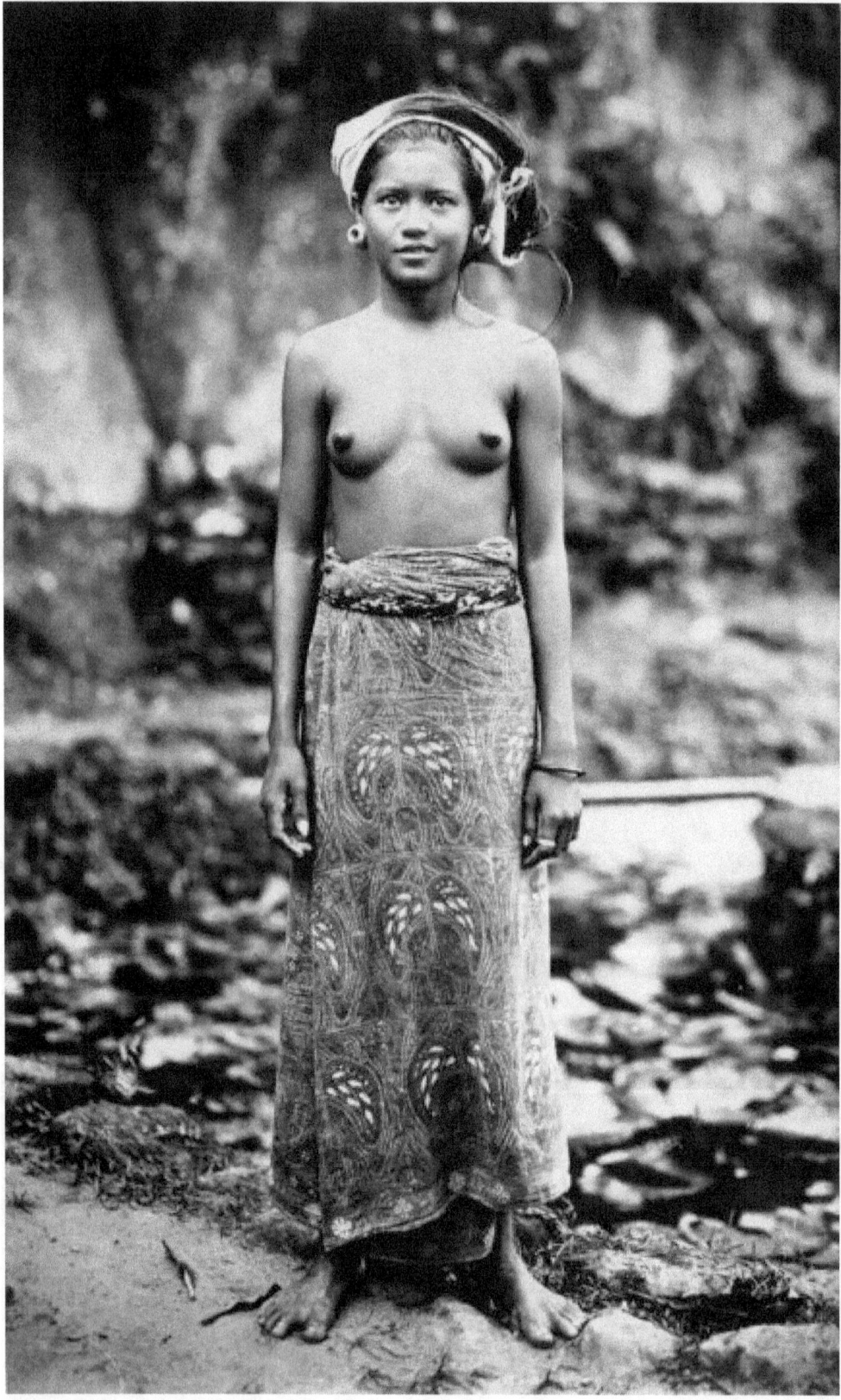

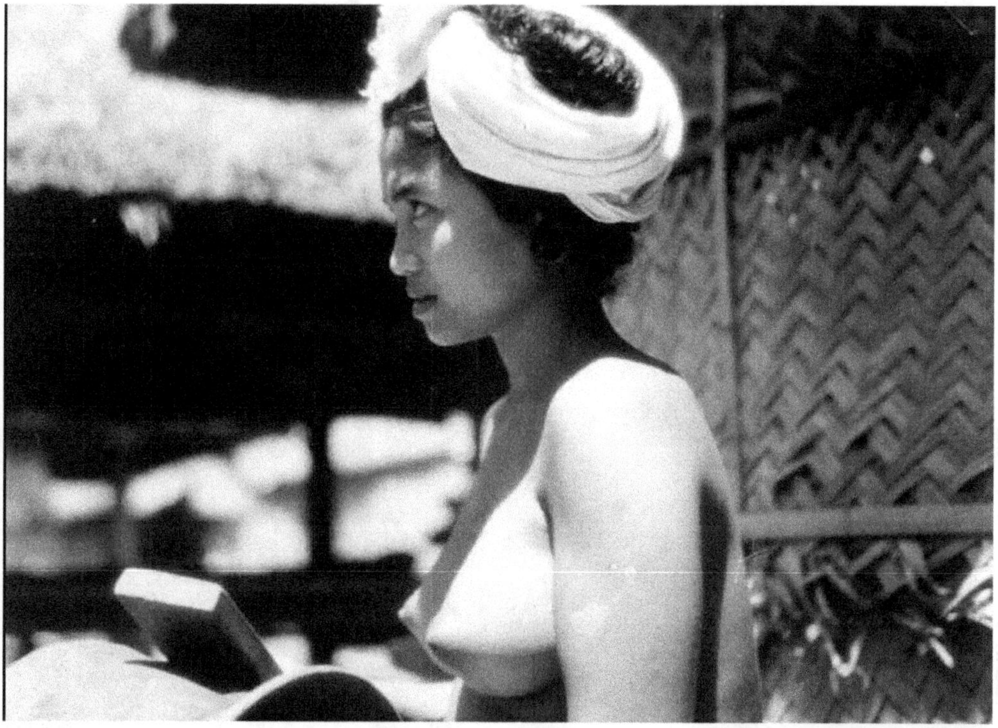

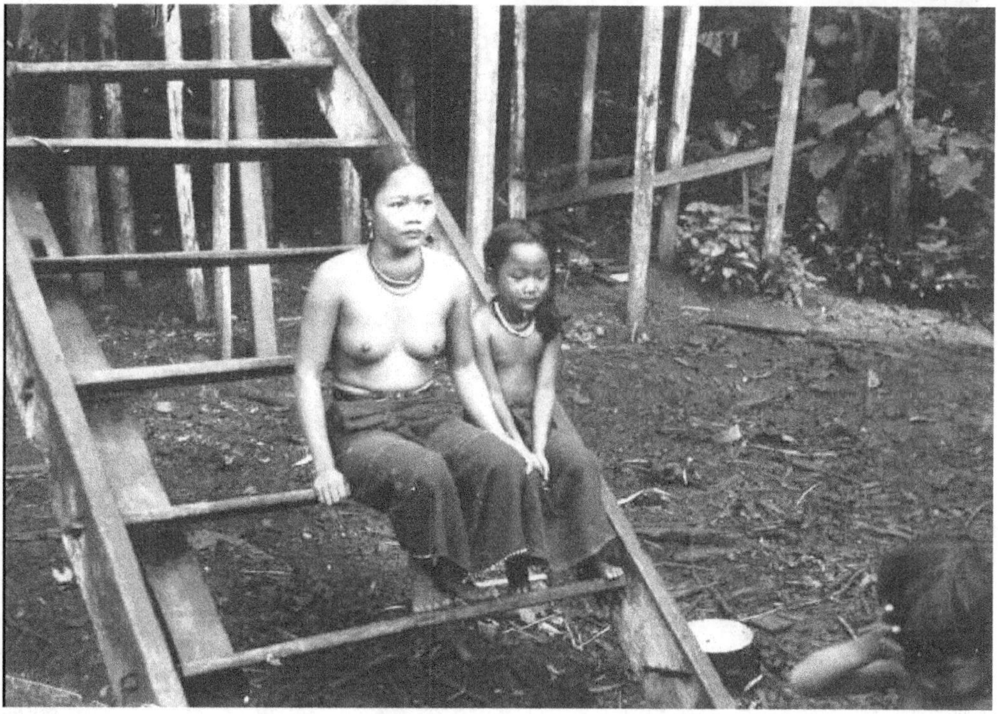

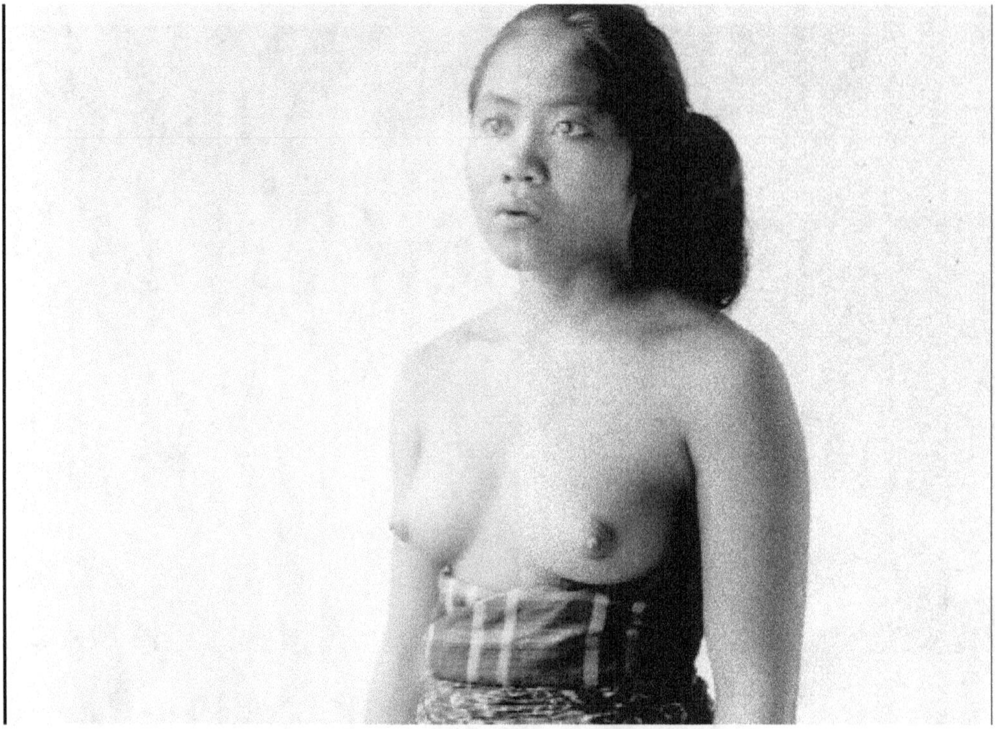

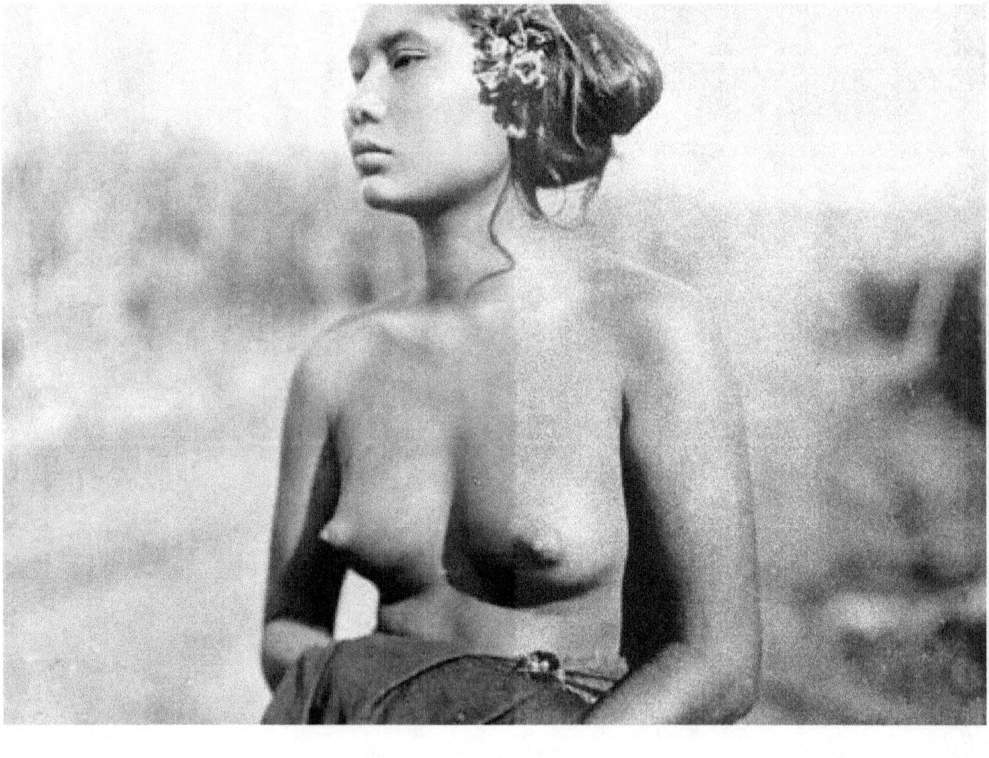

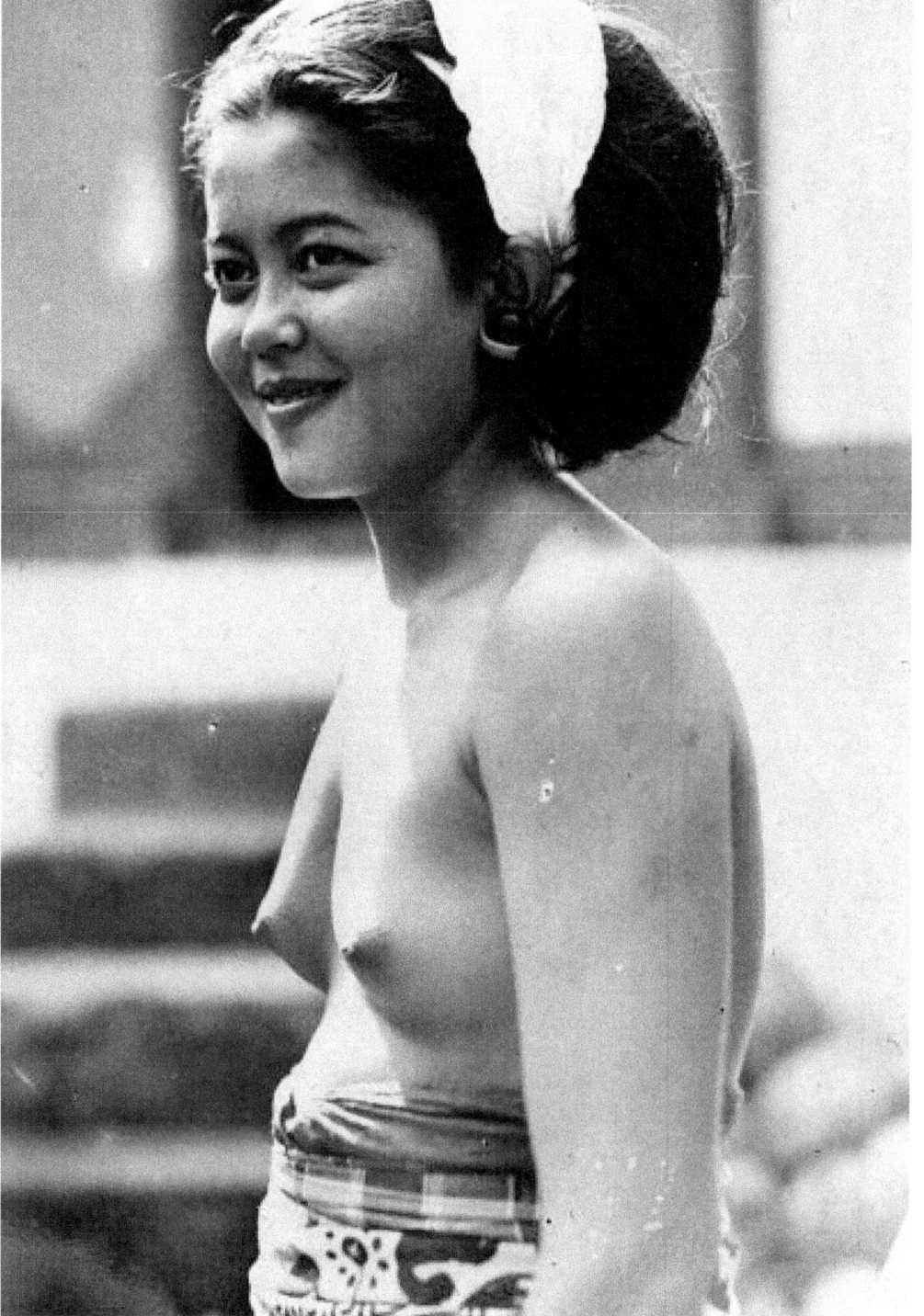

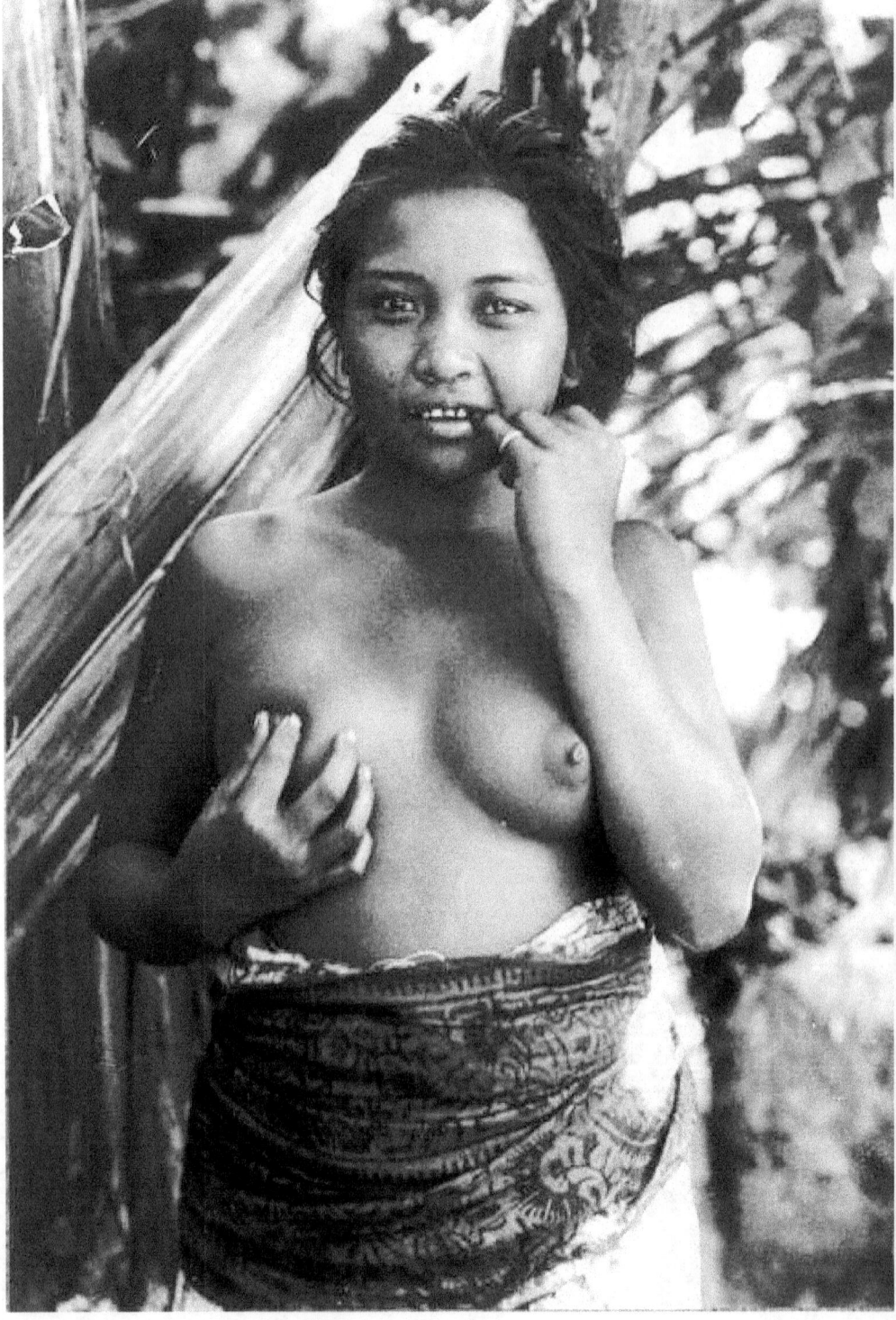

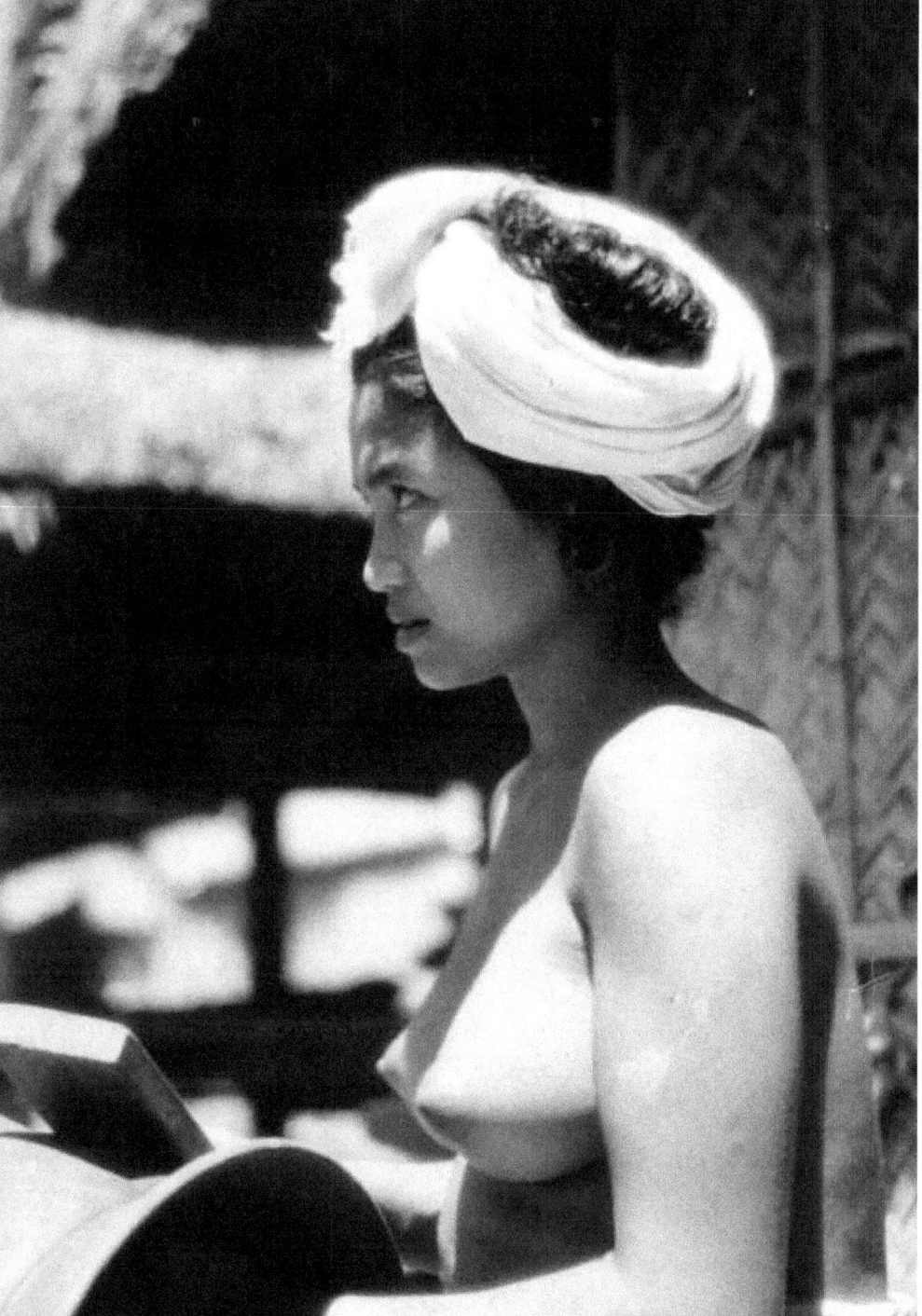

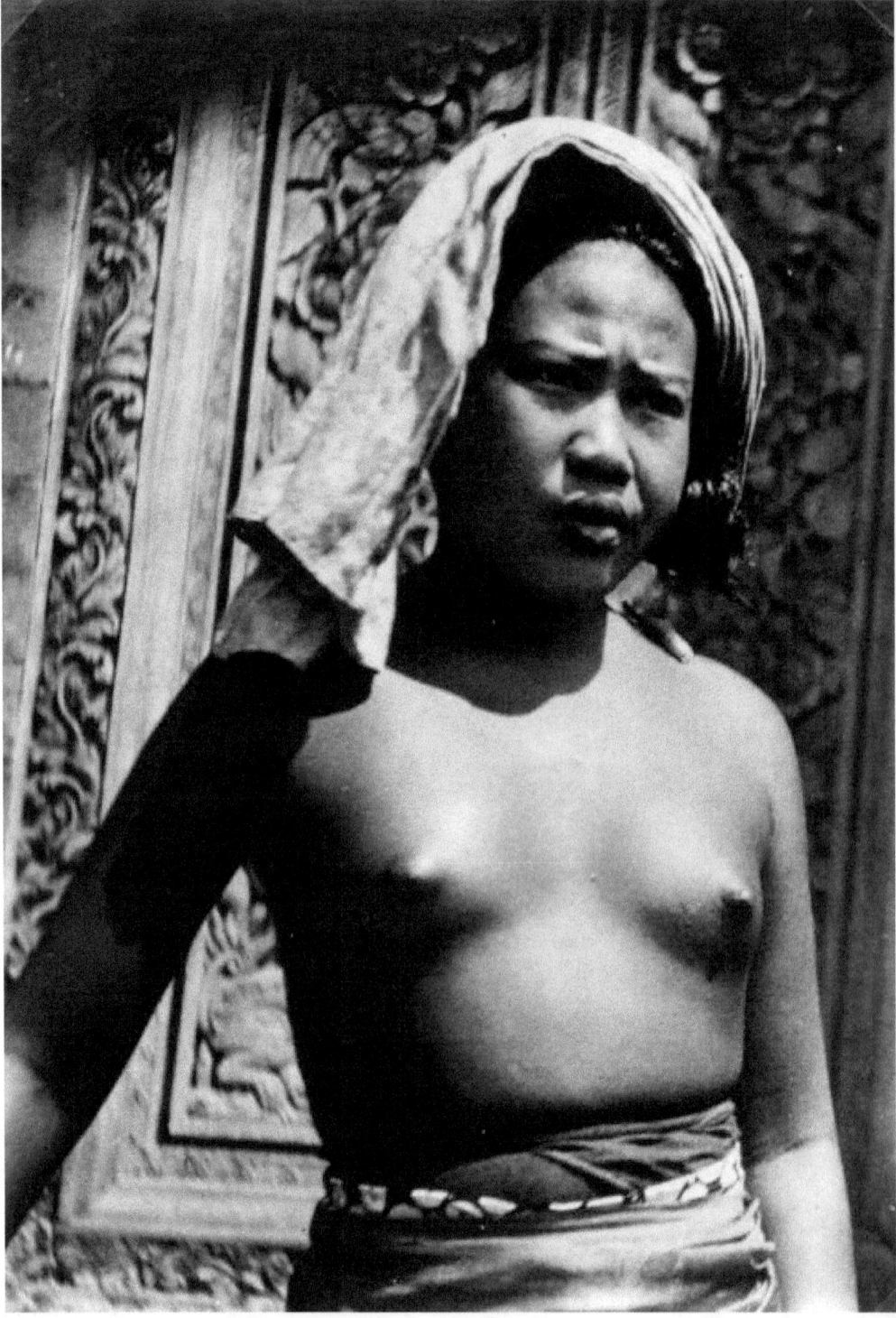

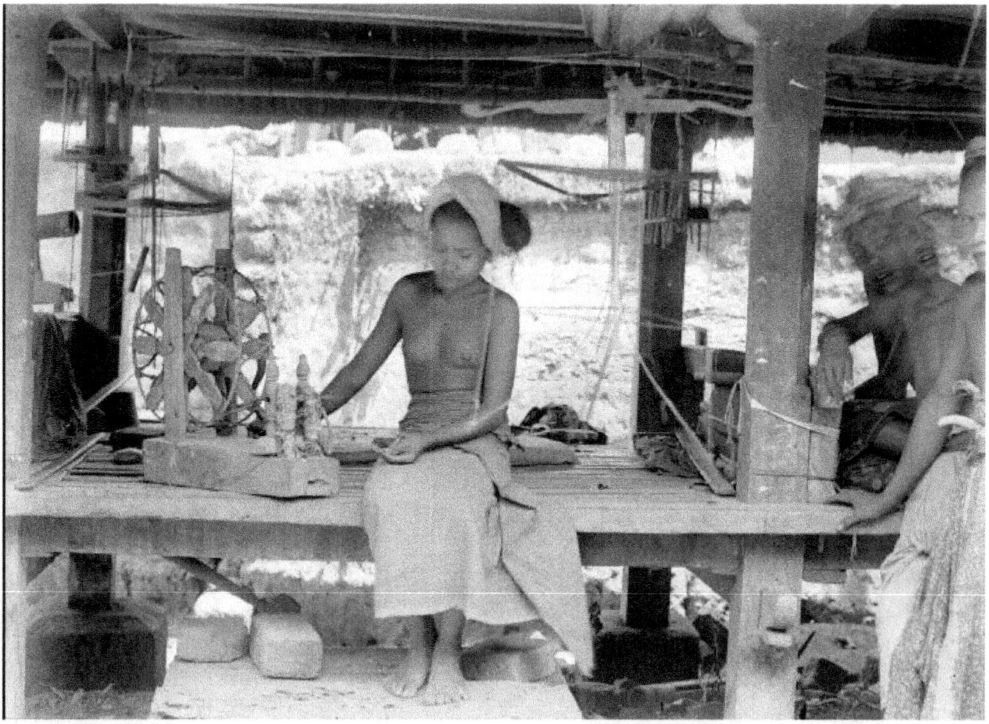

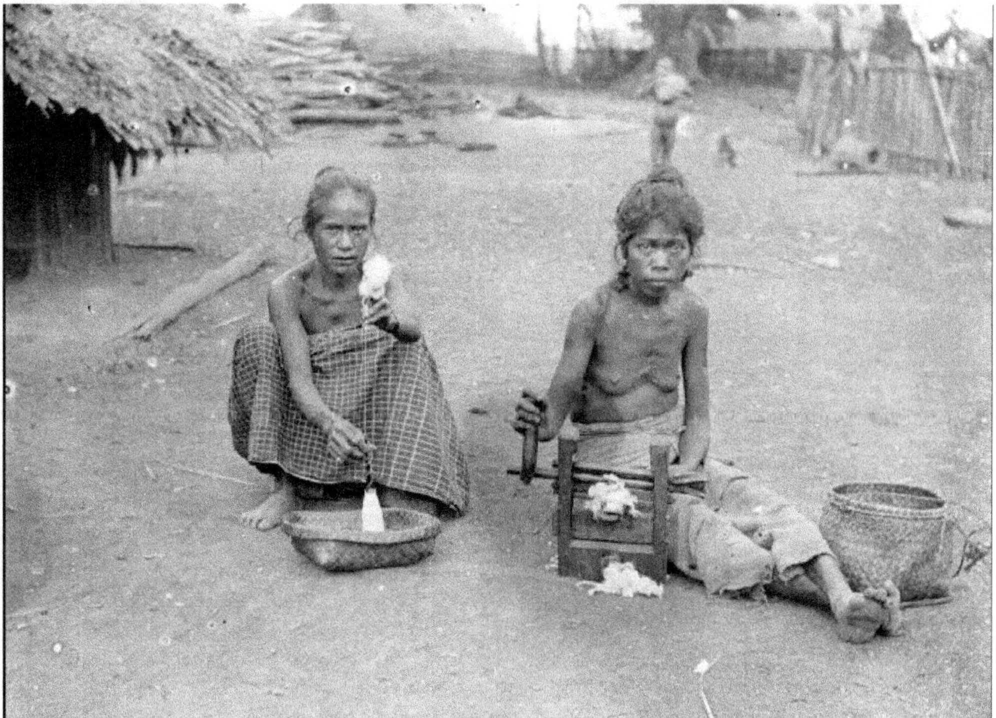

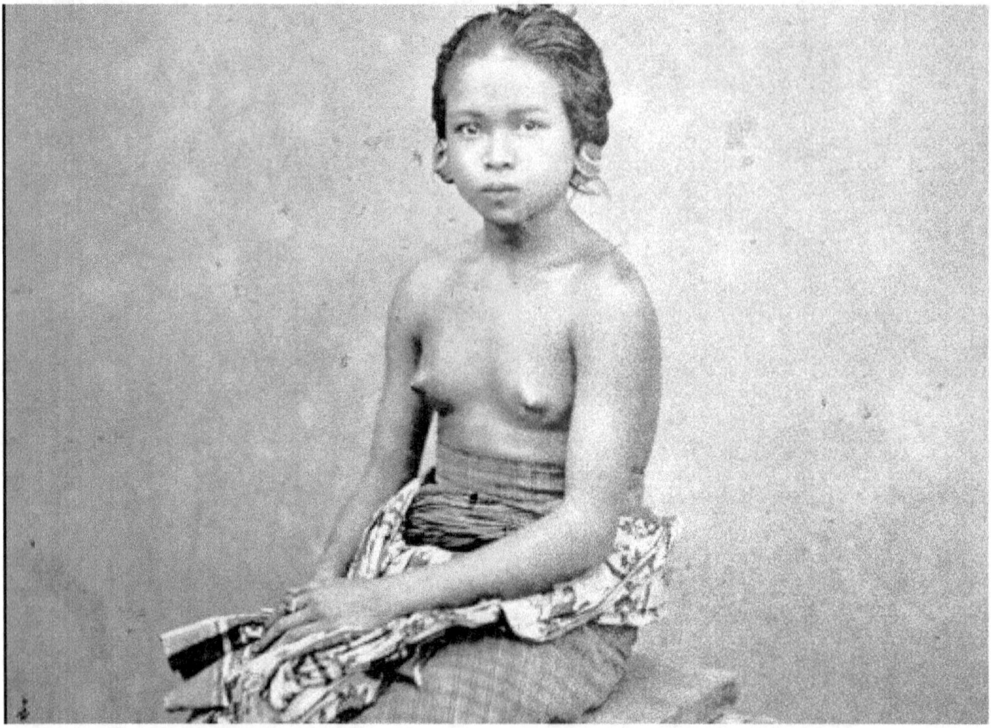

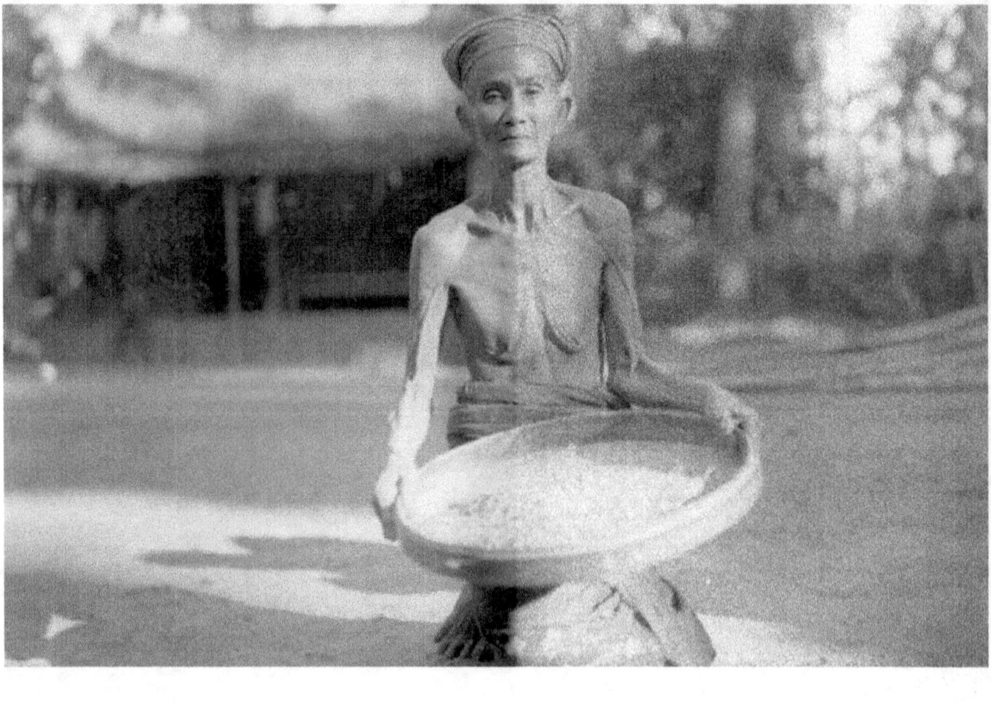

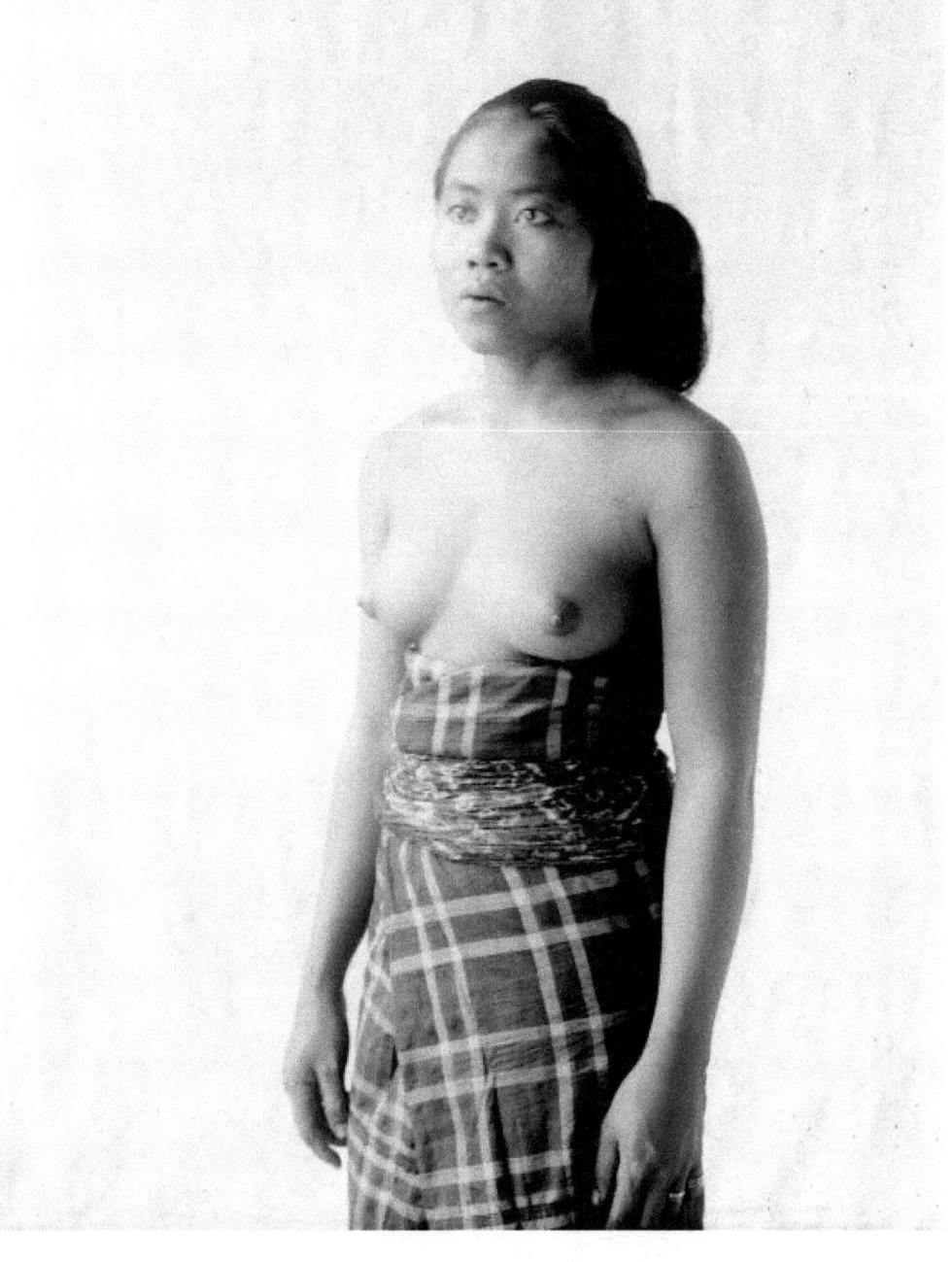

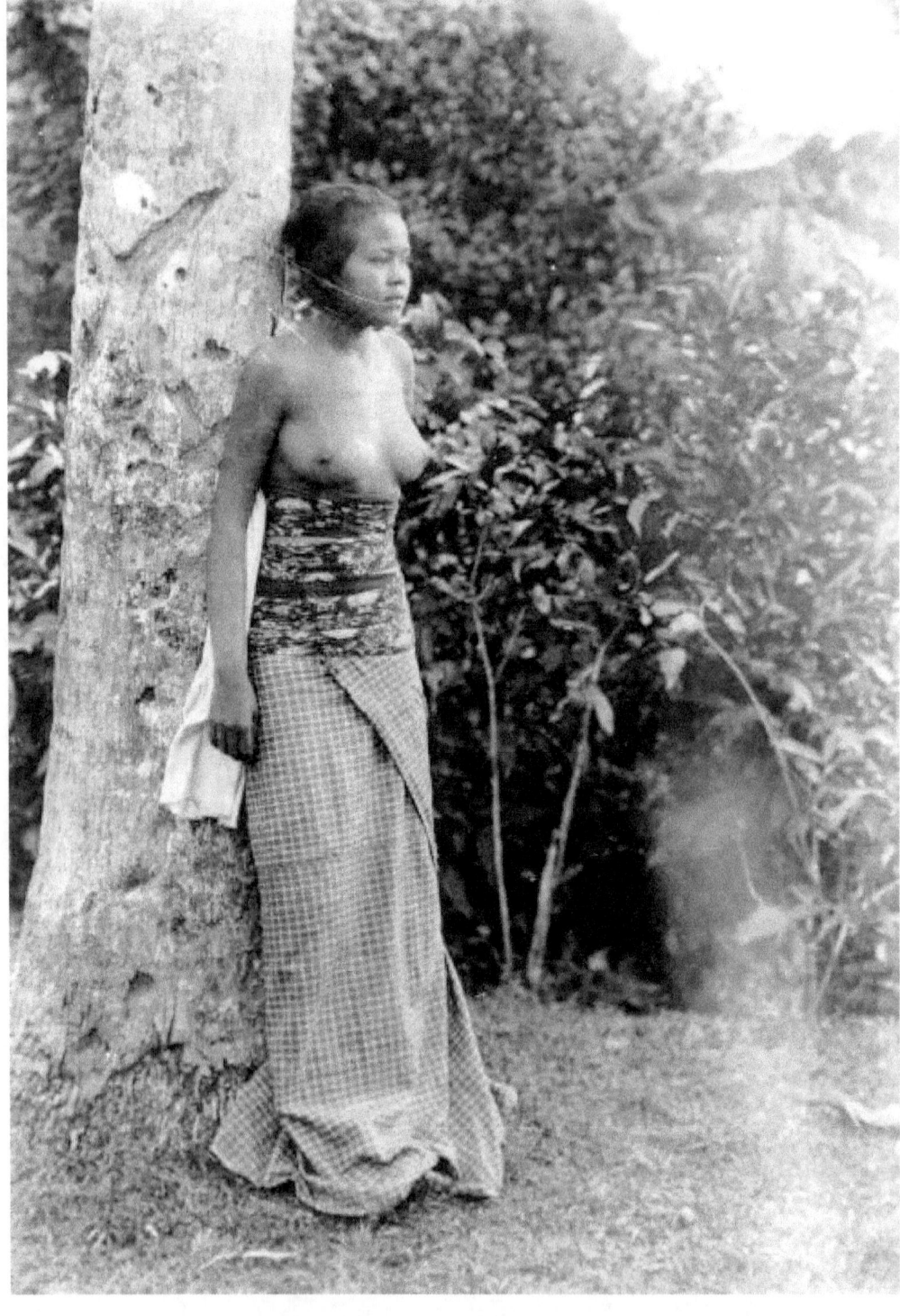

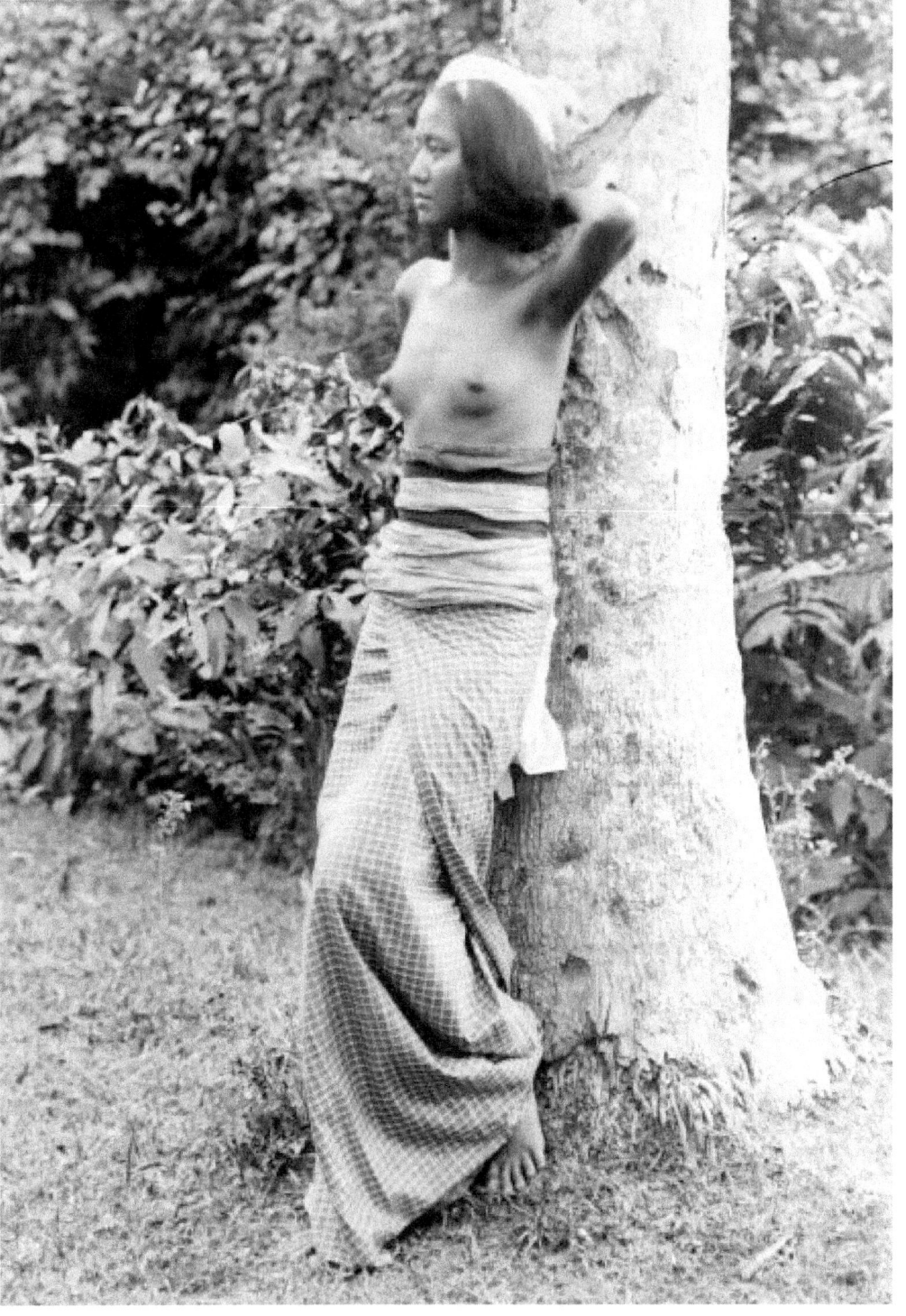

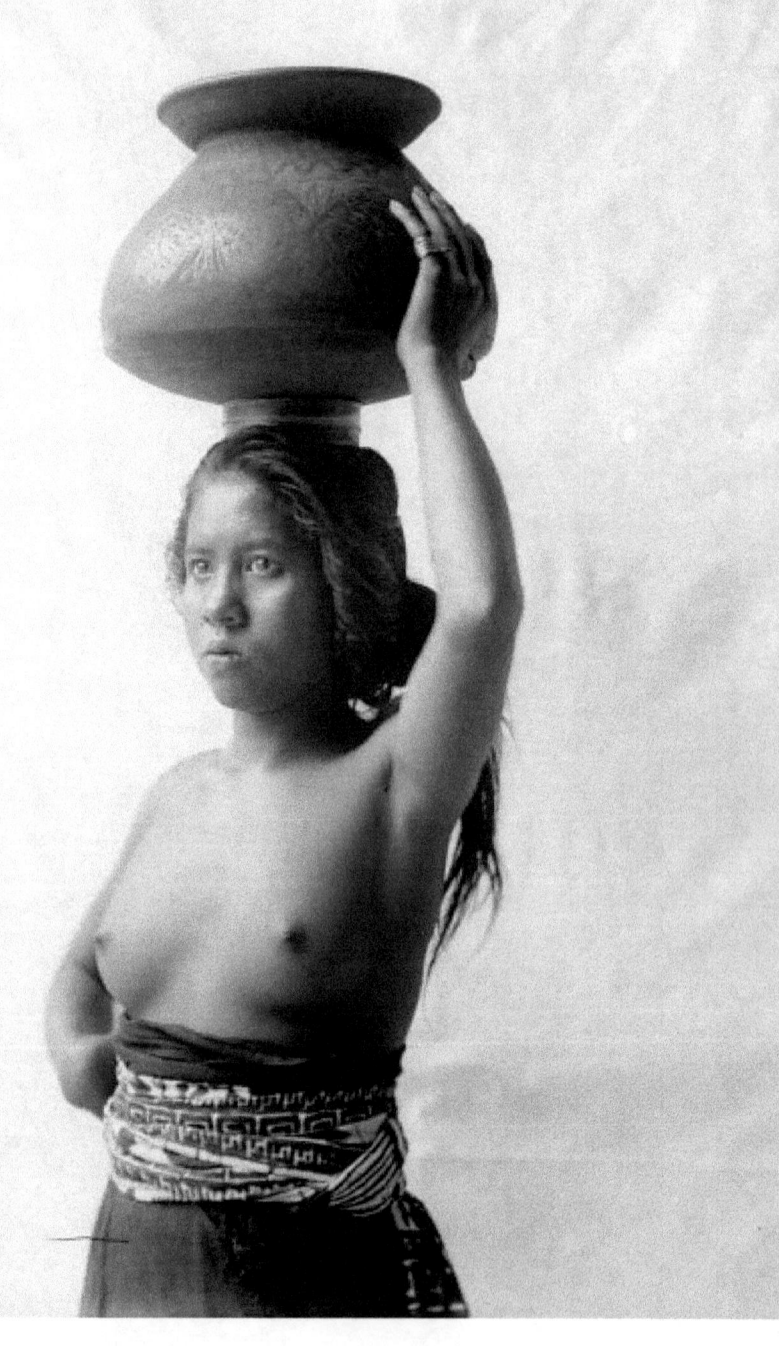

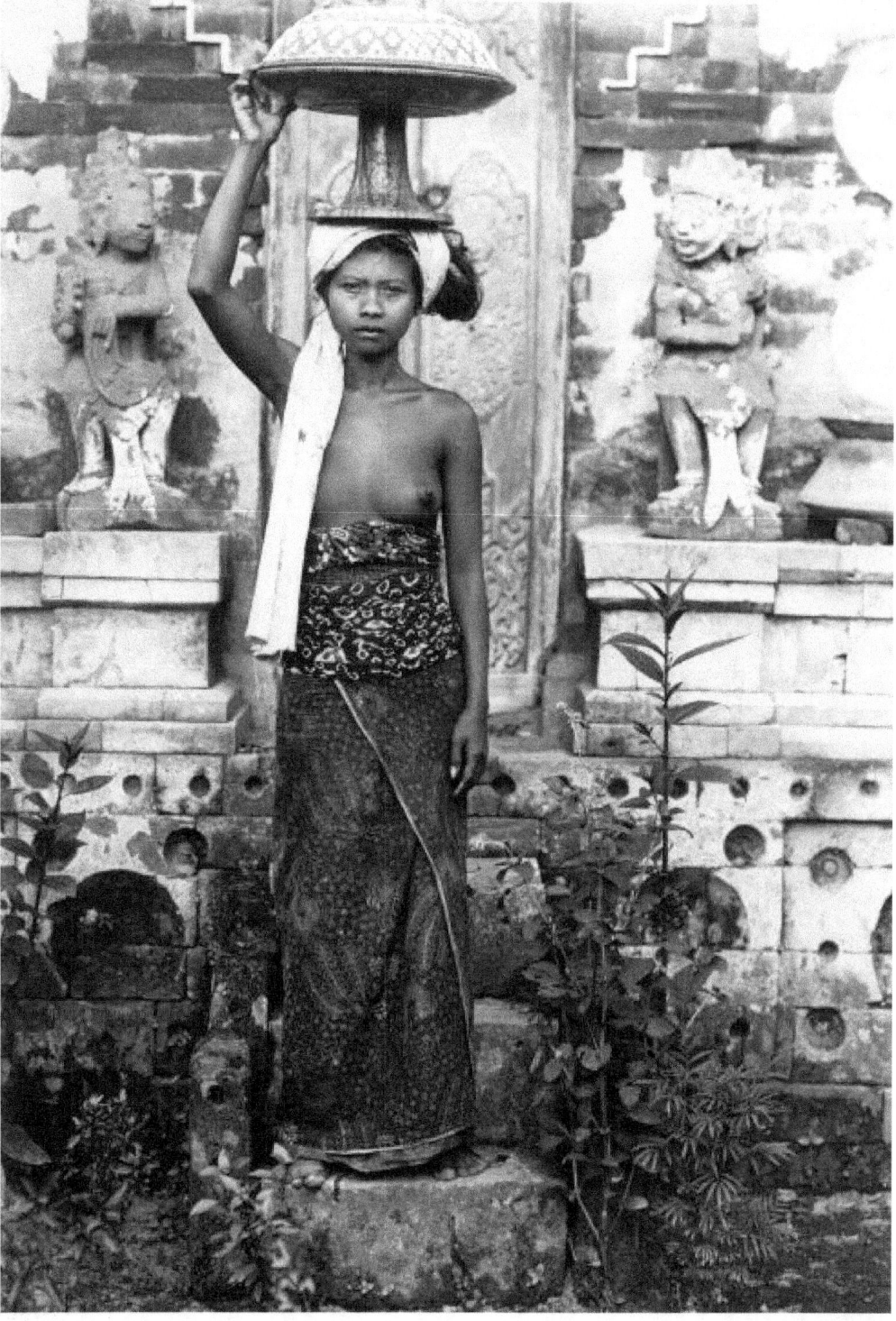

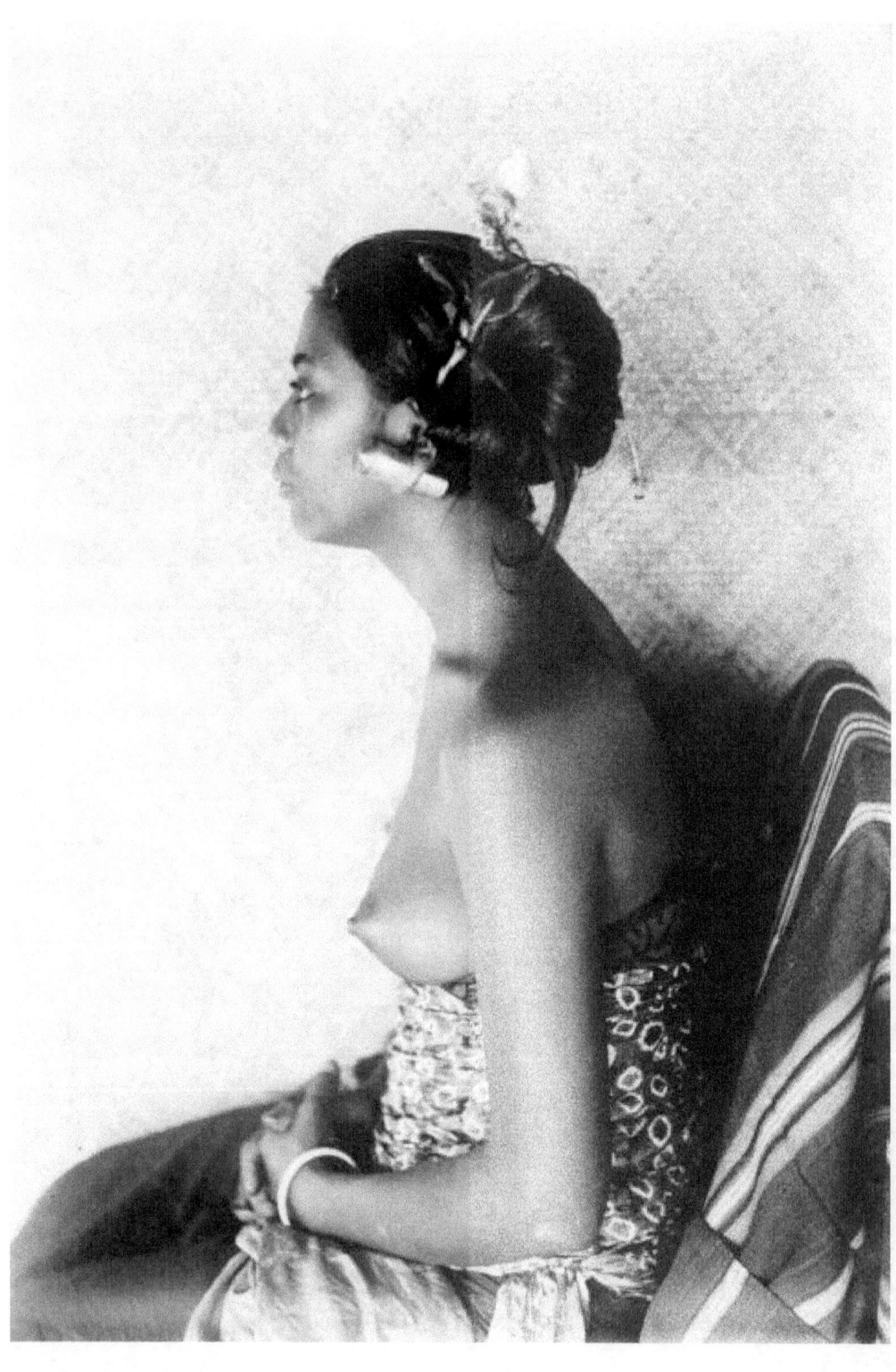

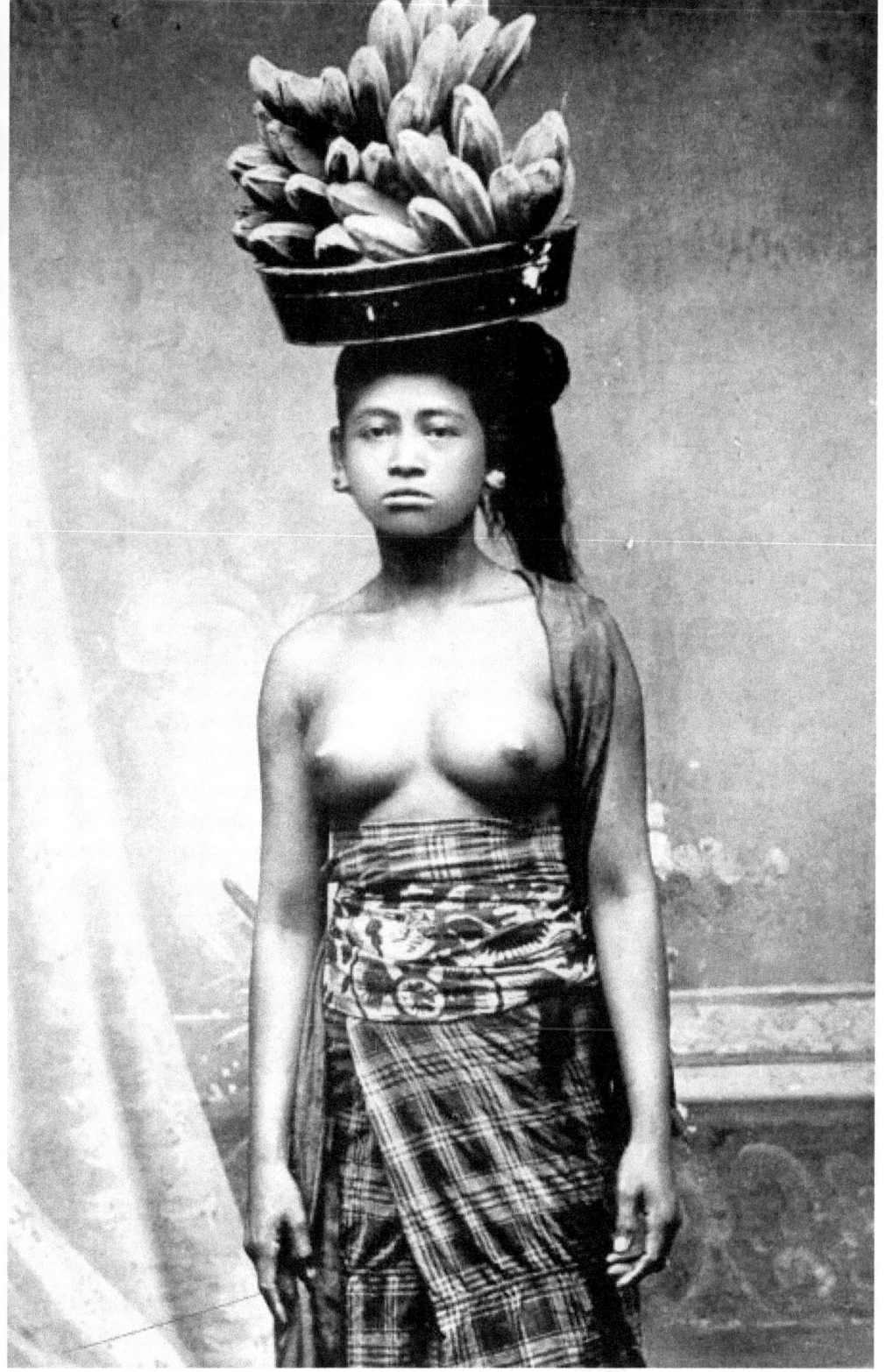

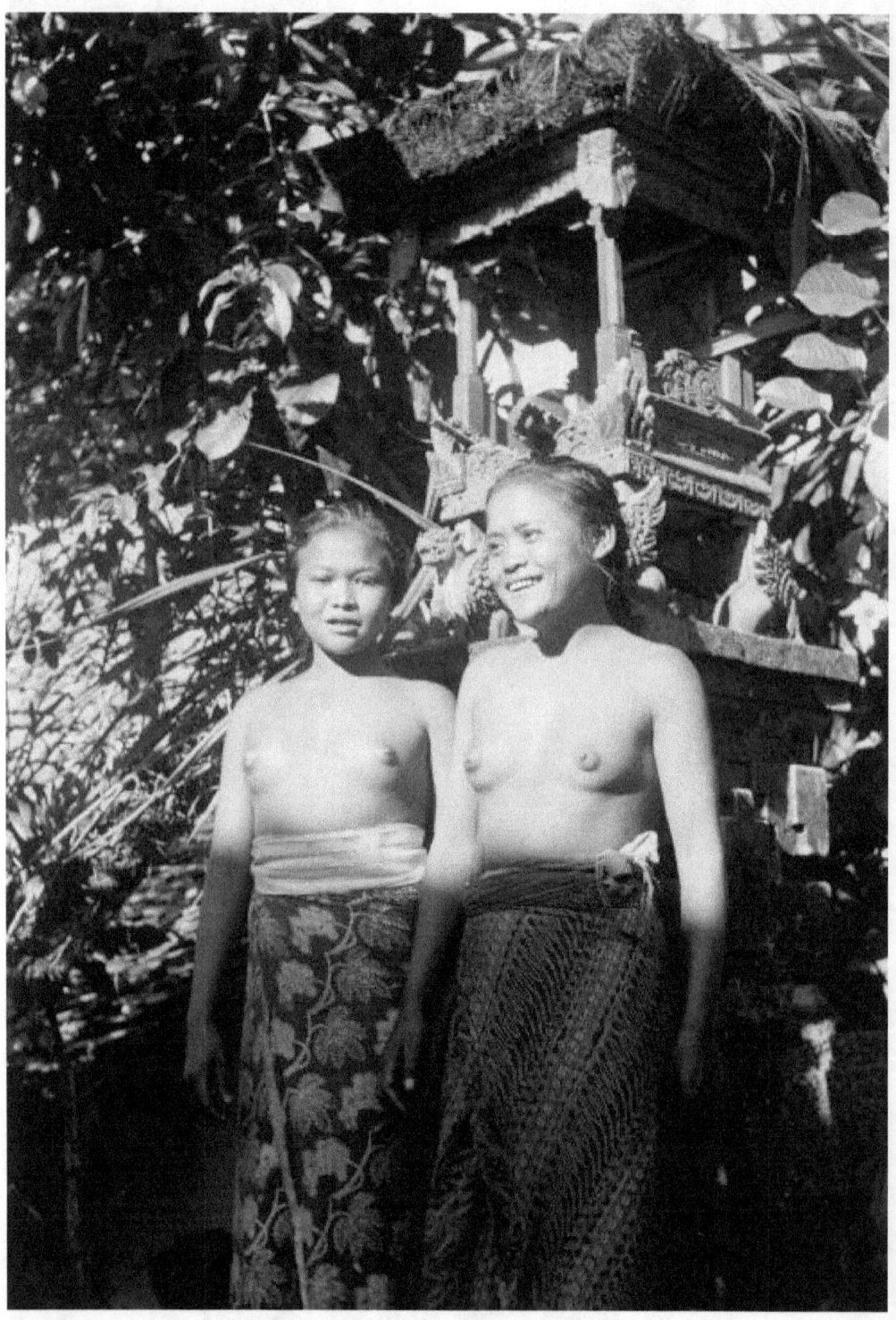

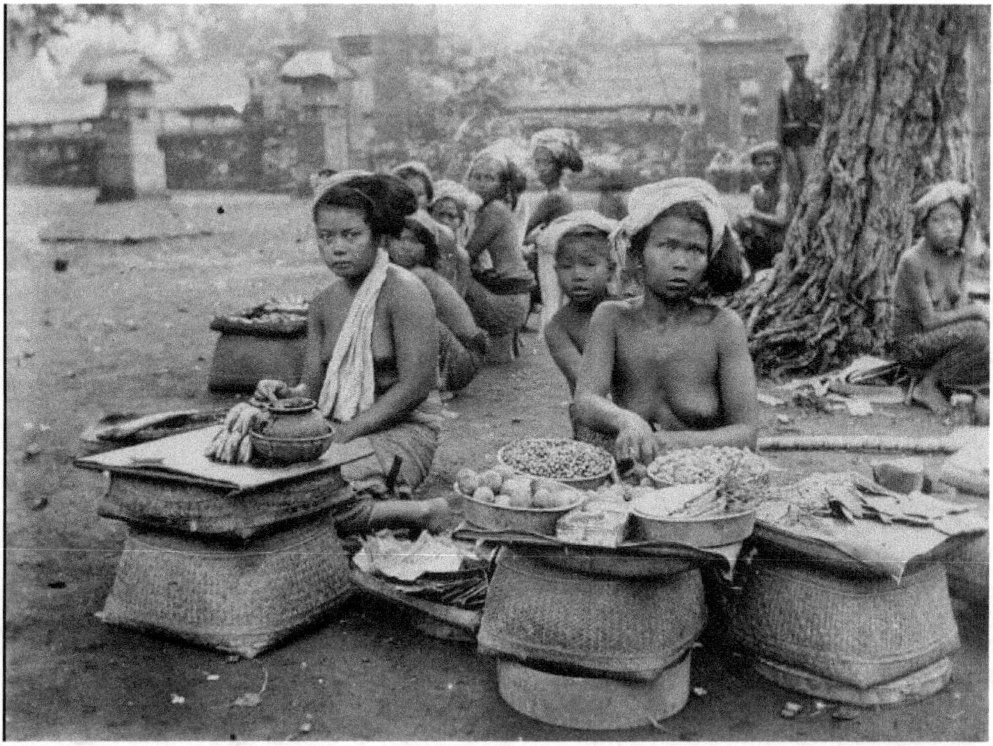

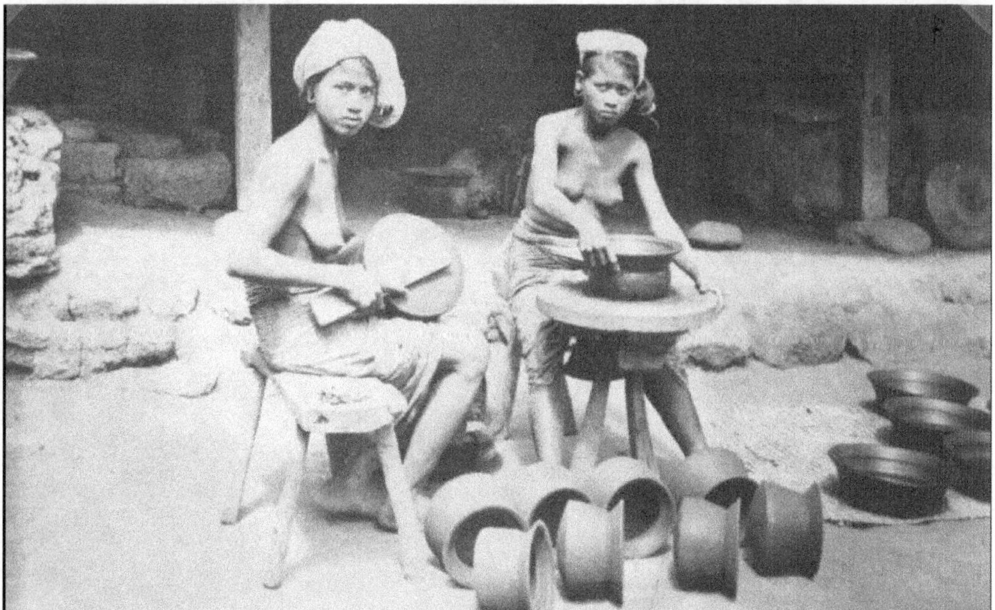

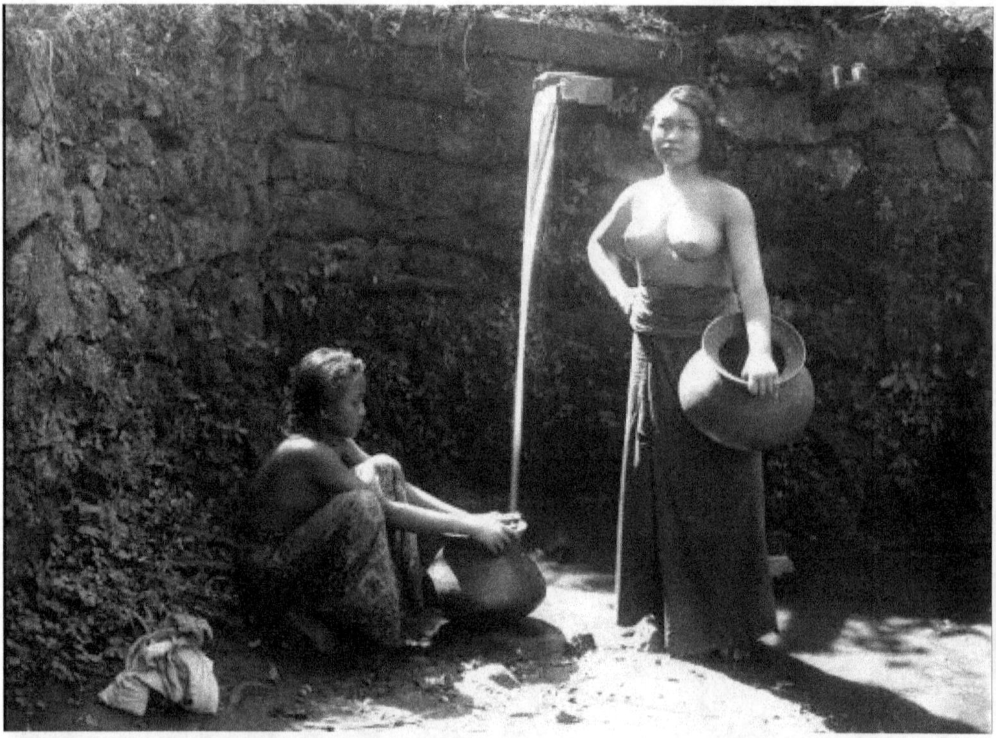

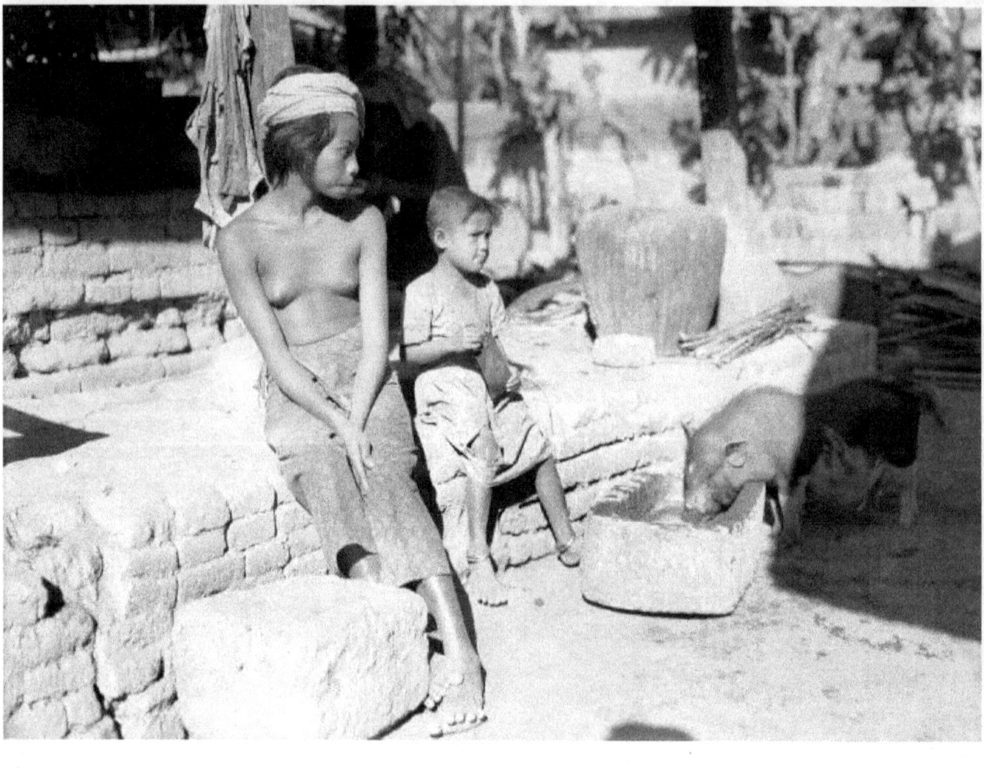

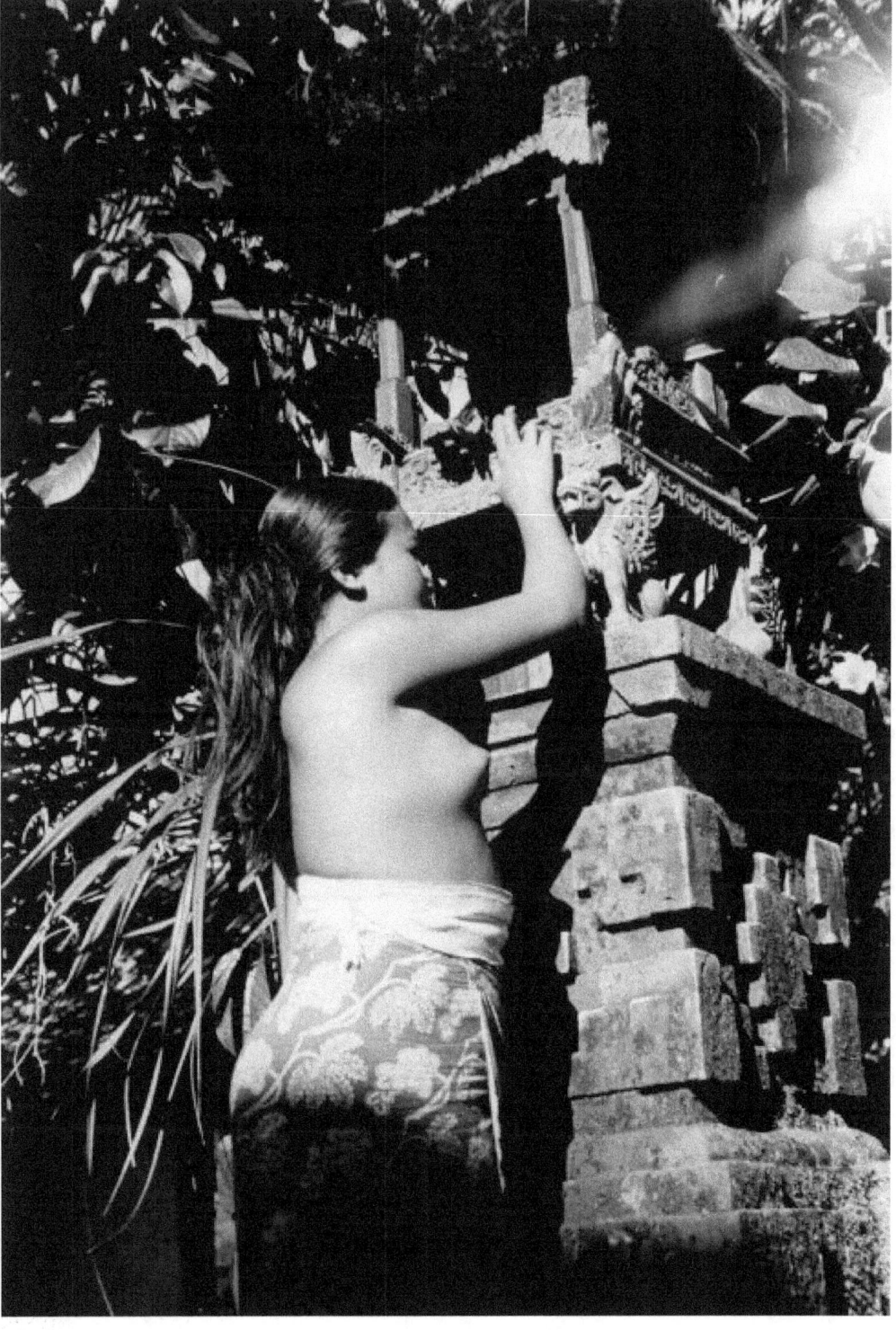

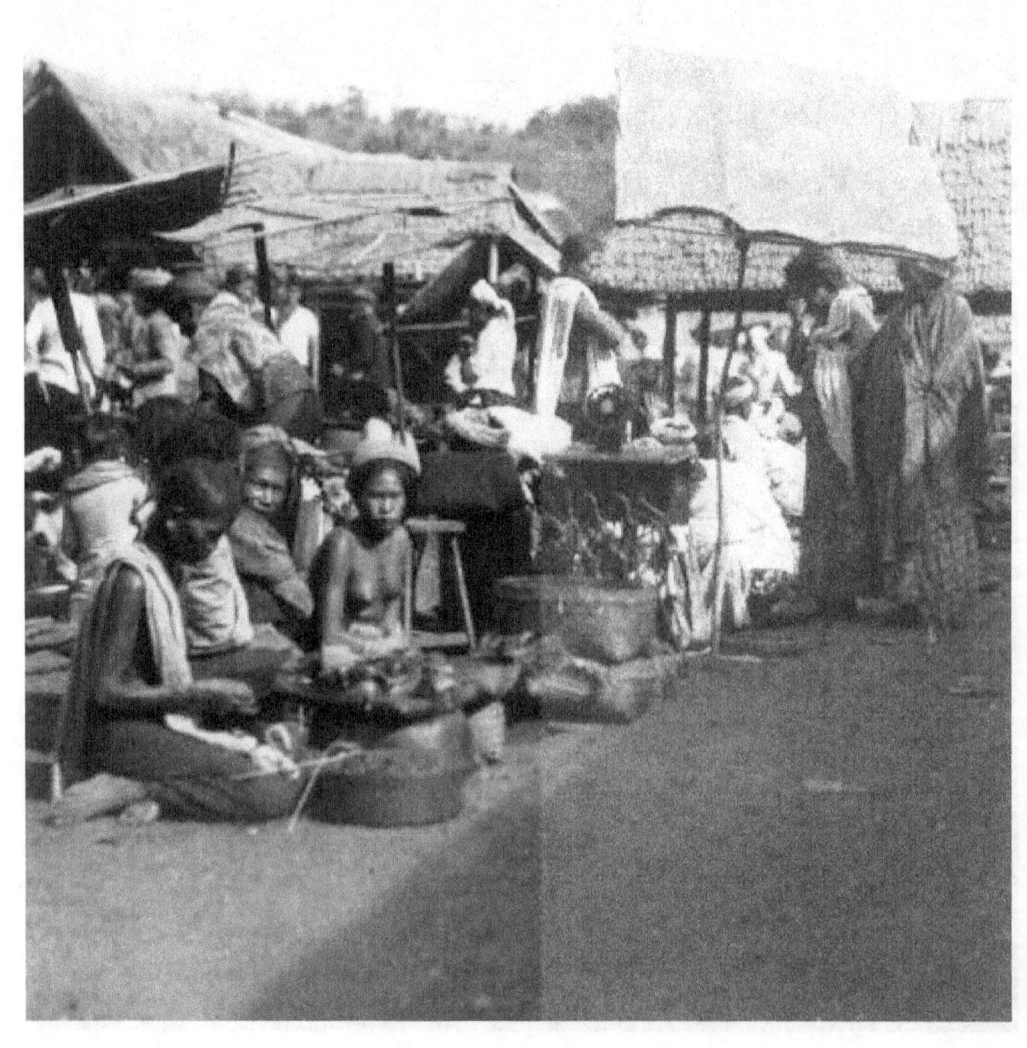

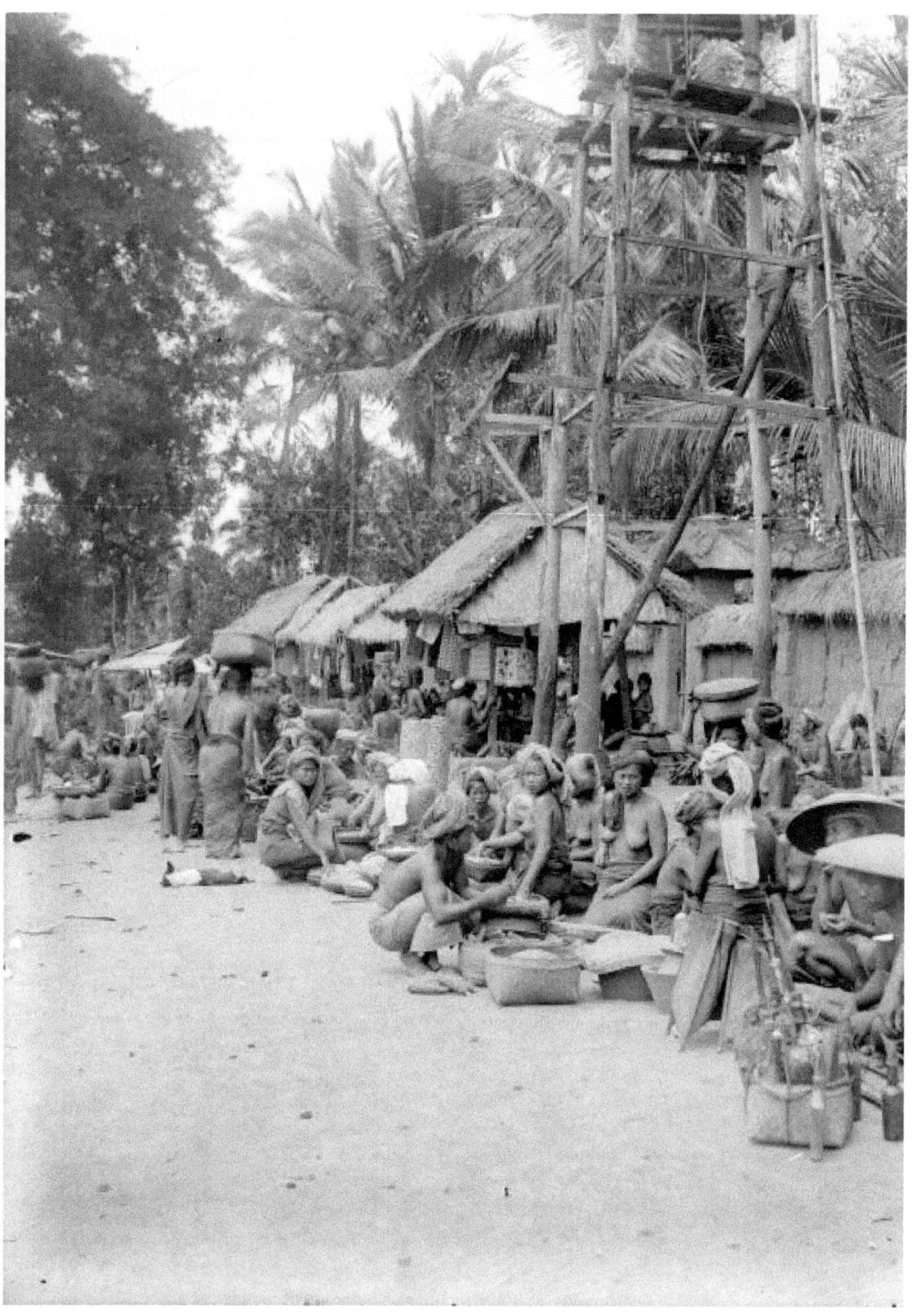

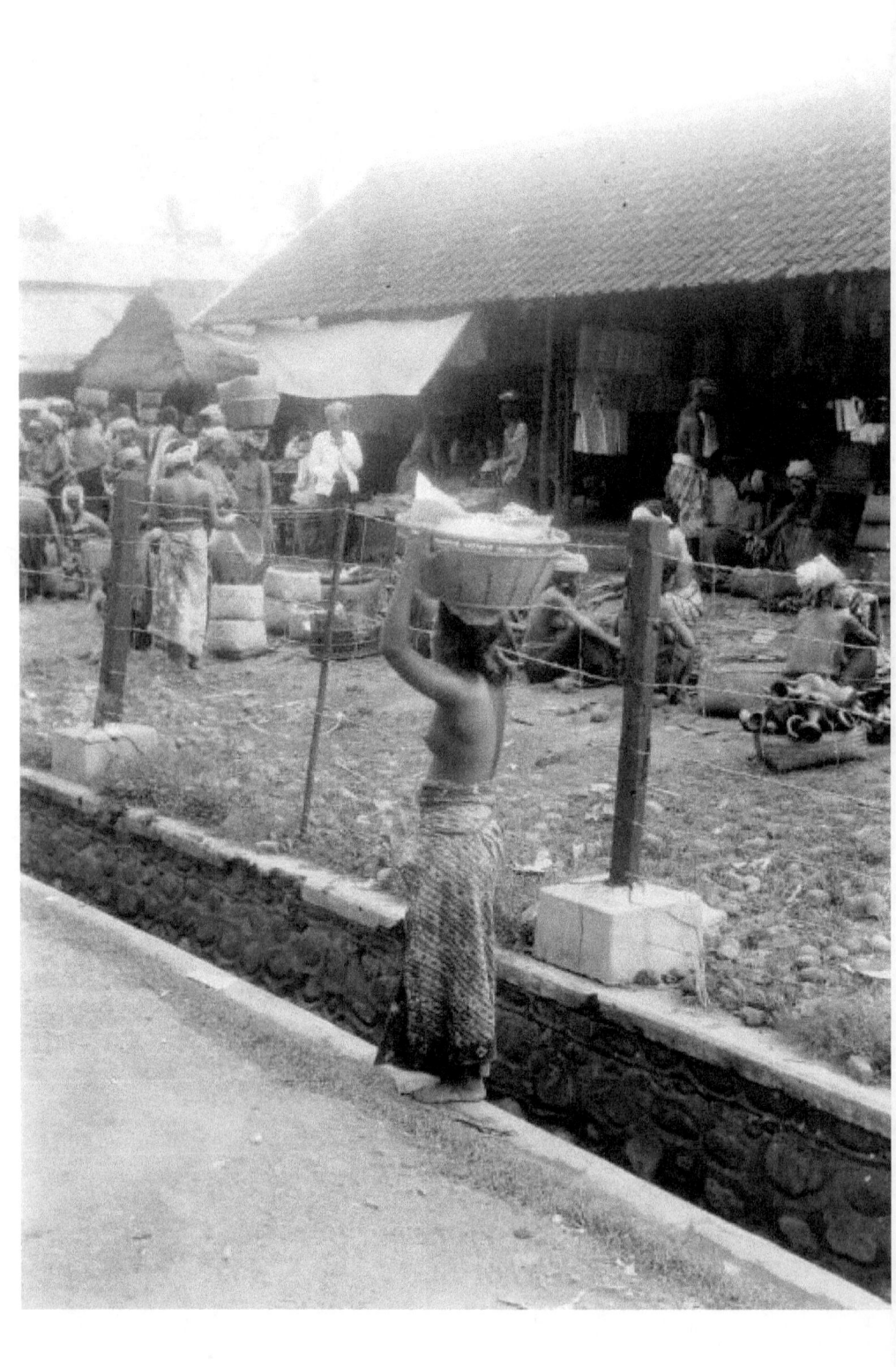

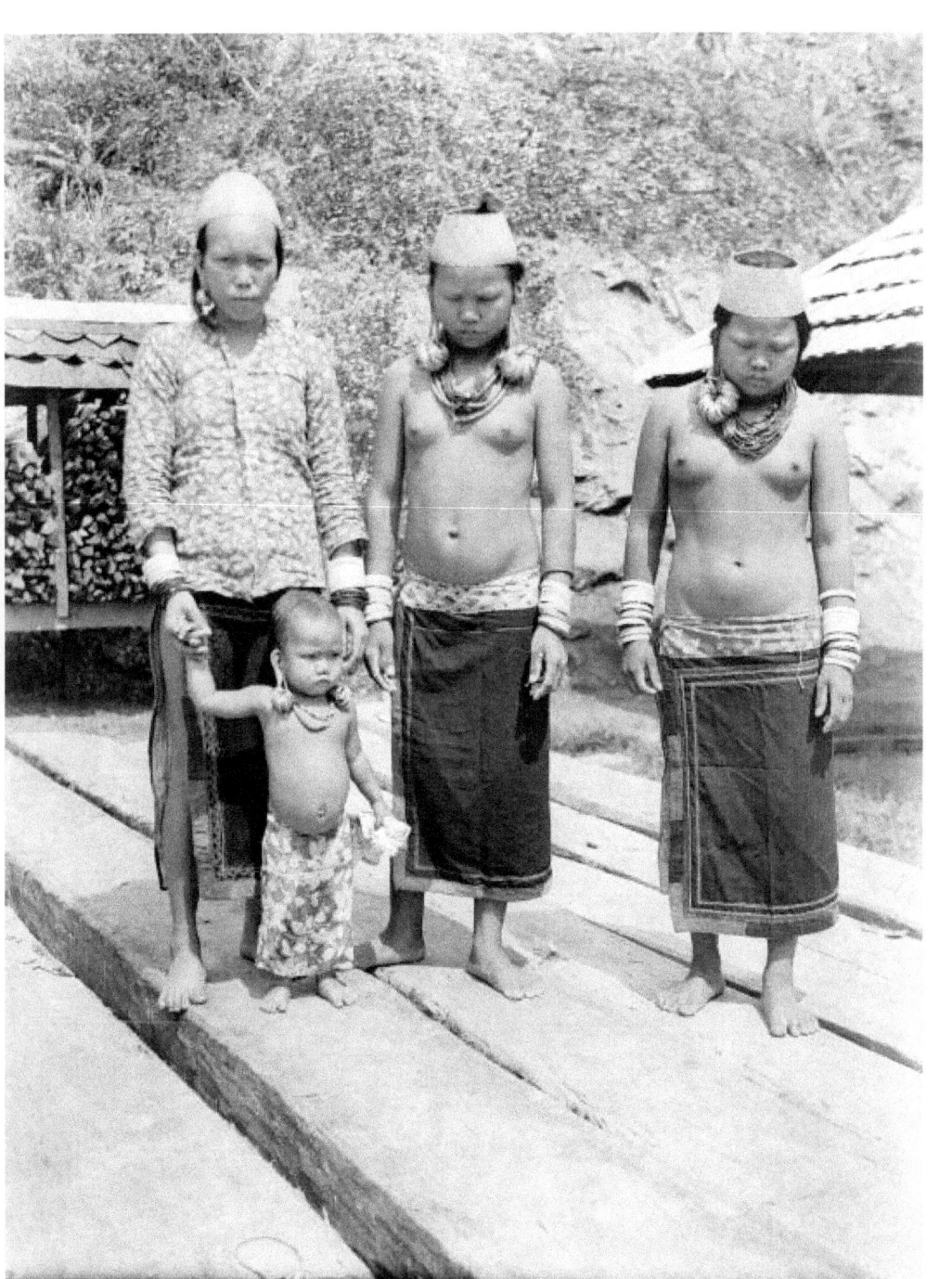

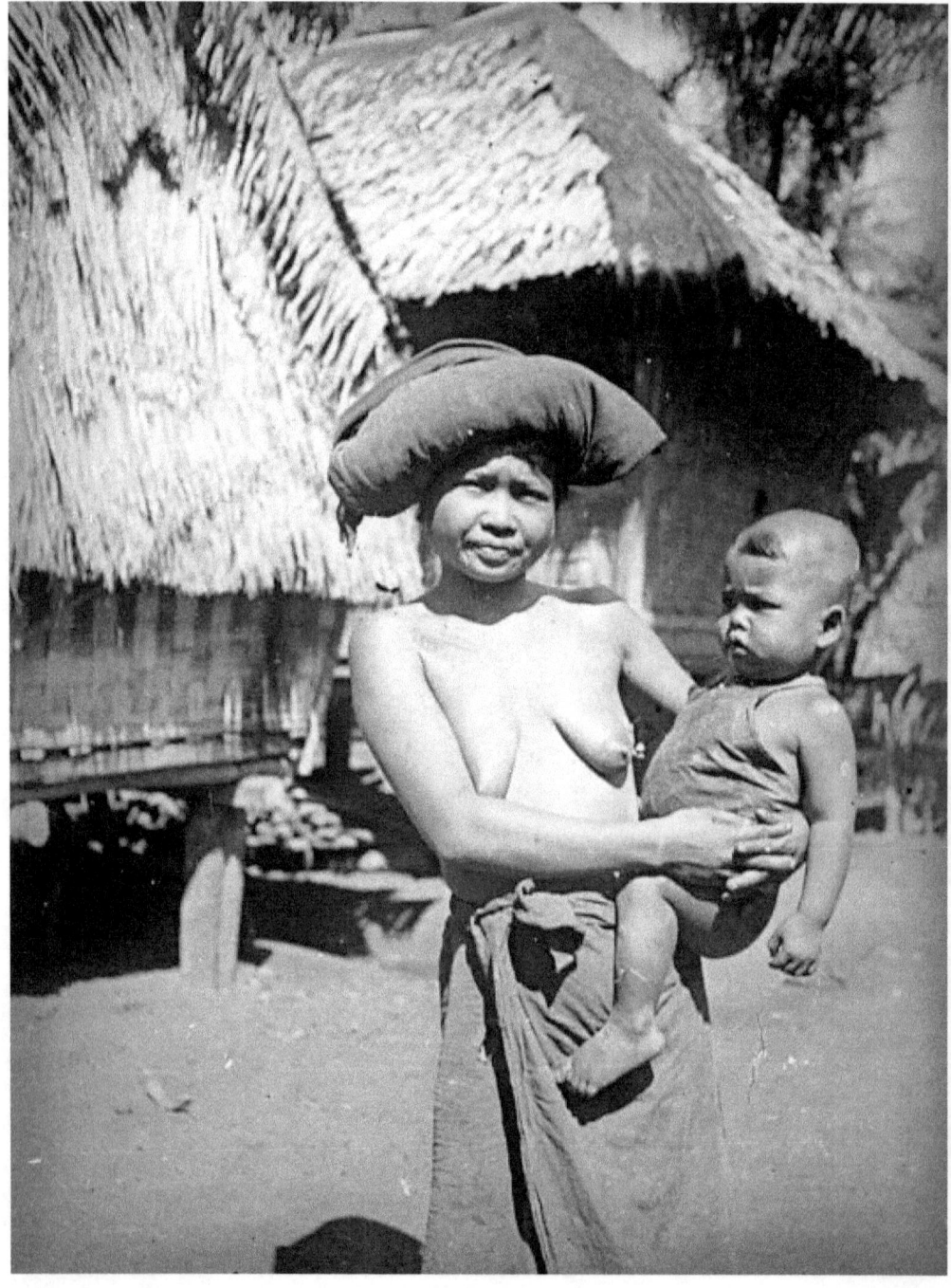

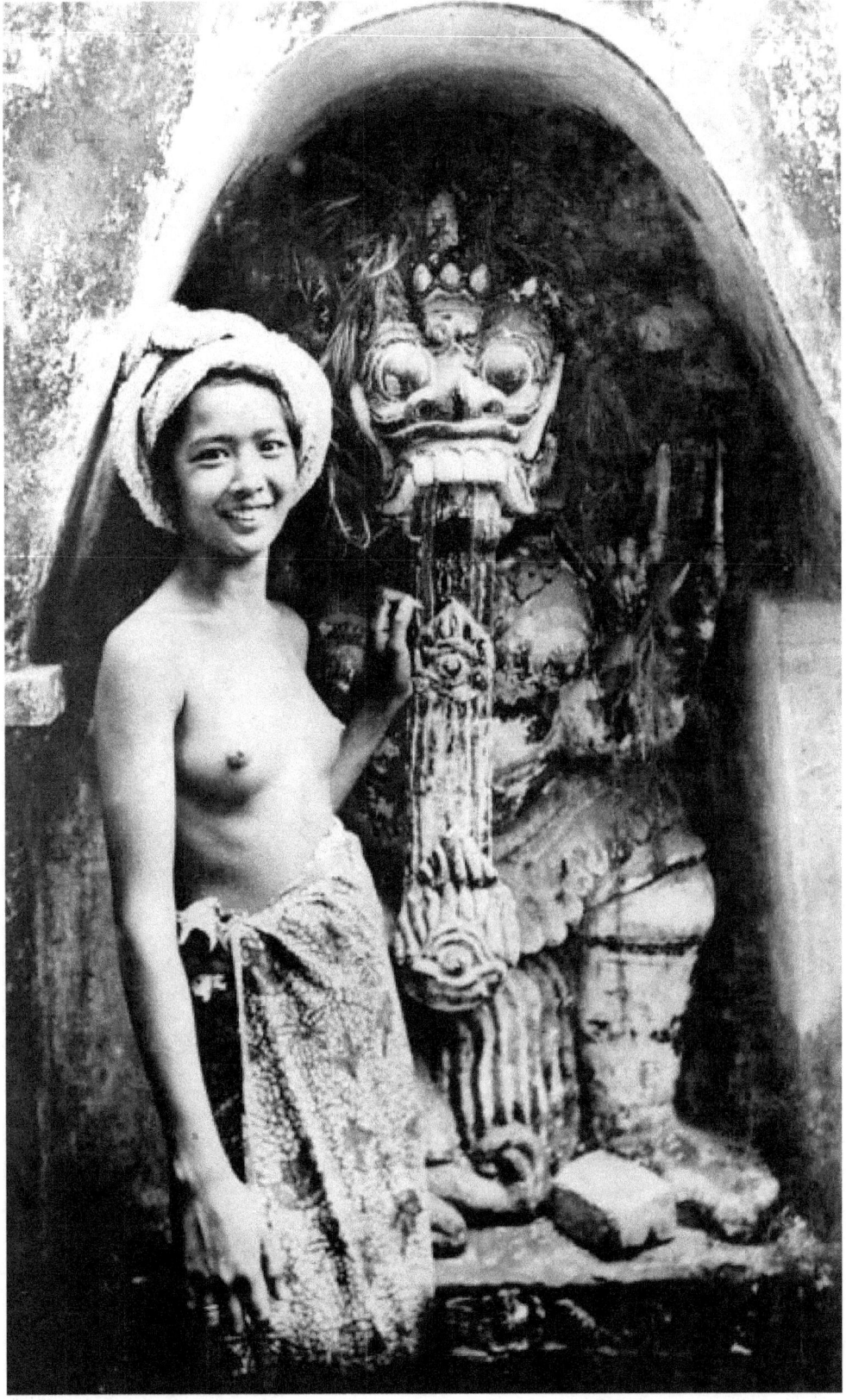

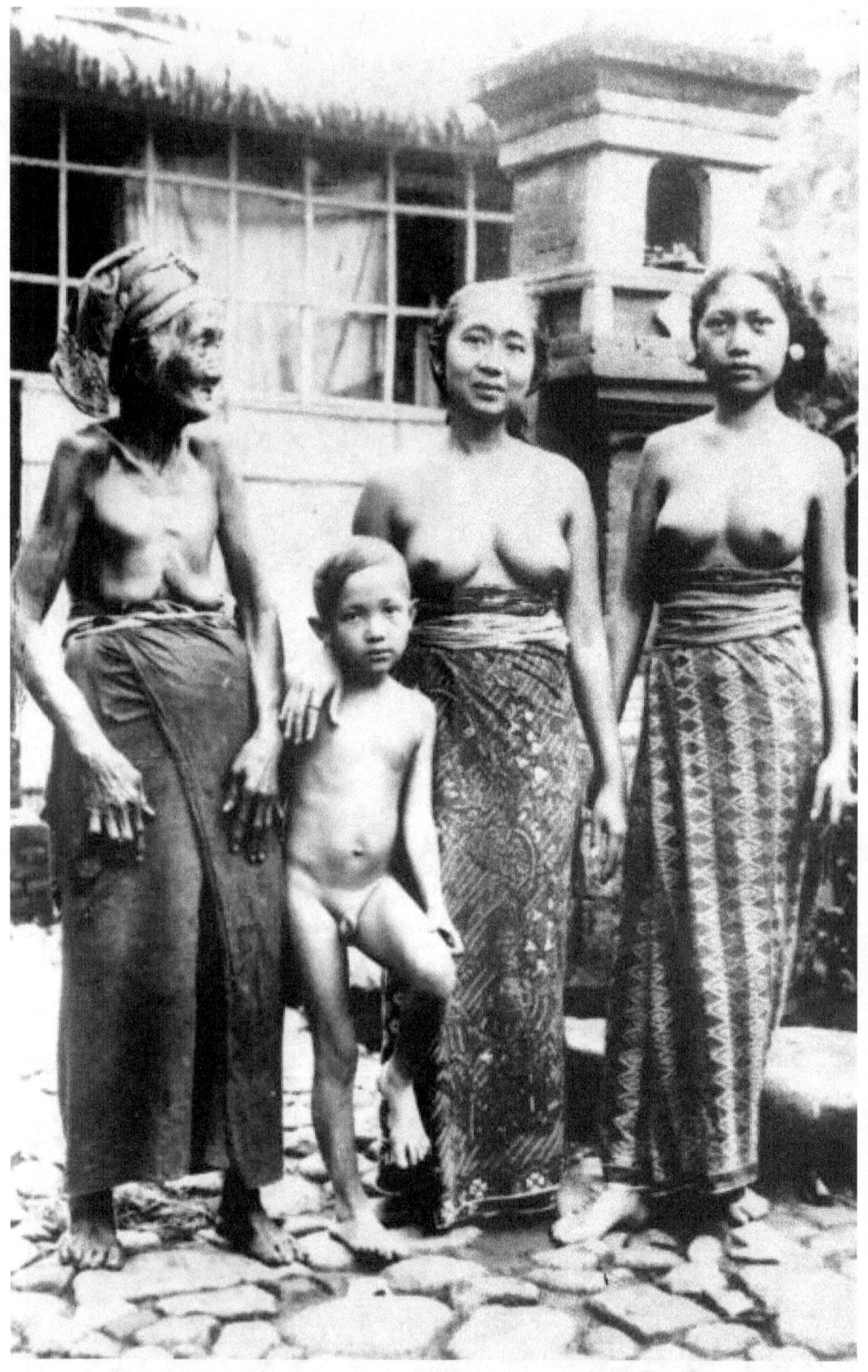

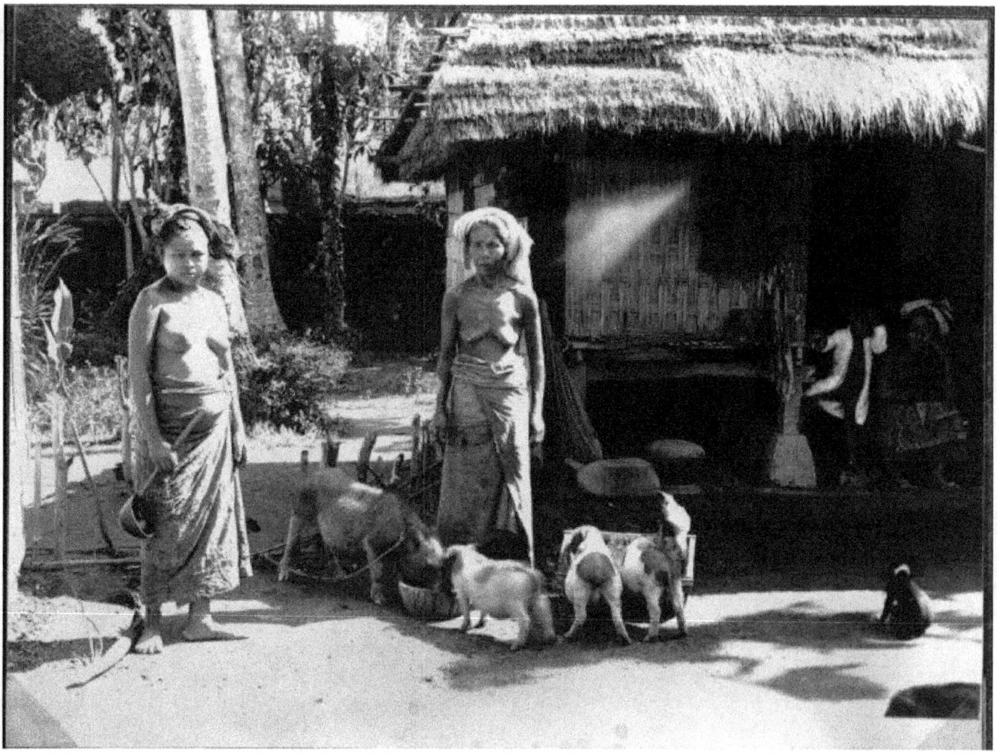

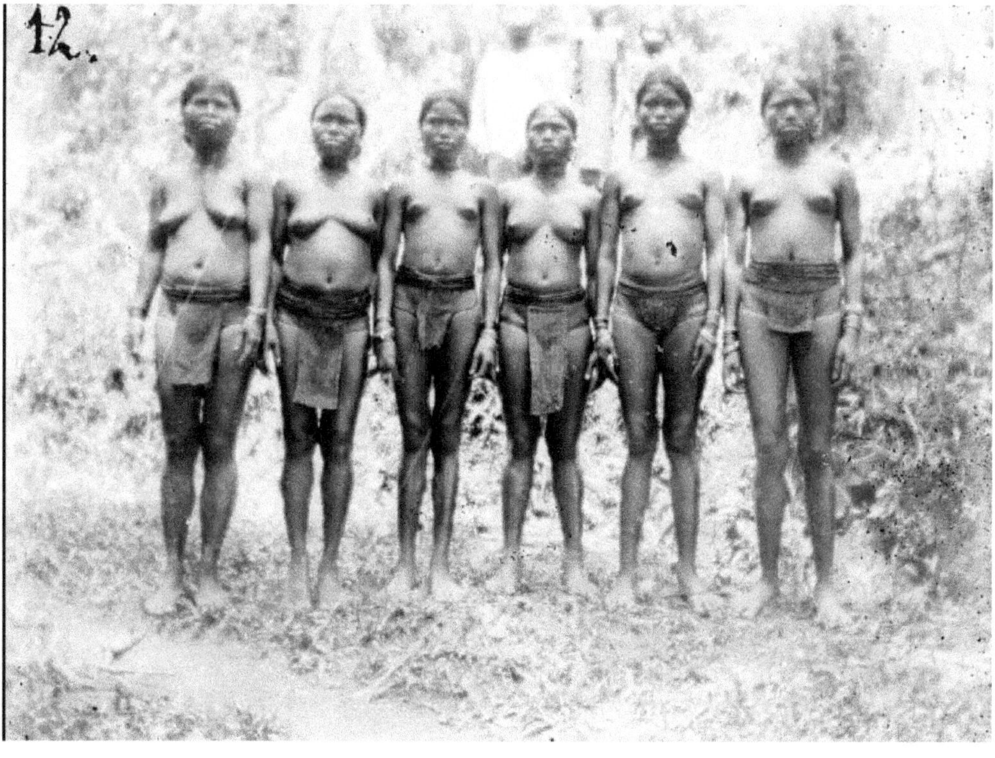
12.

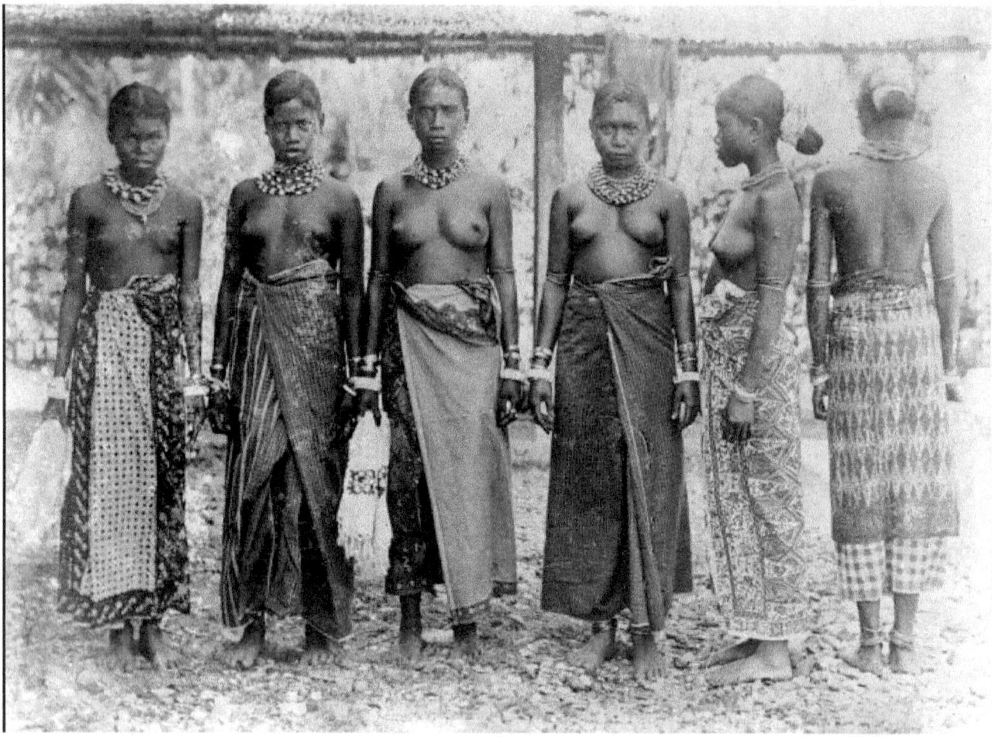

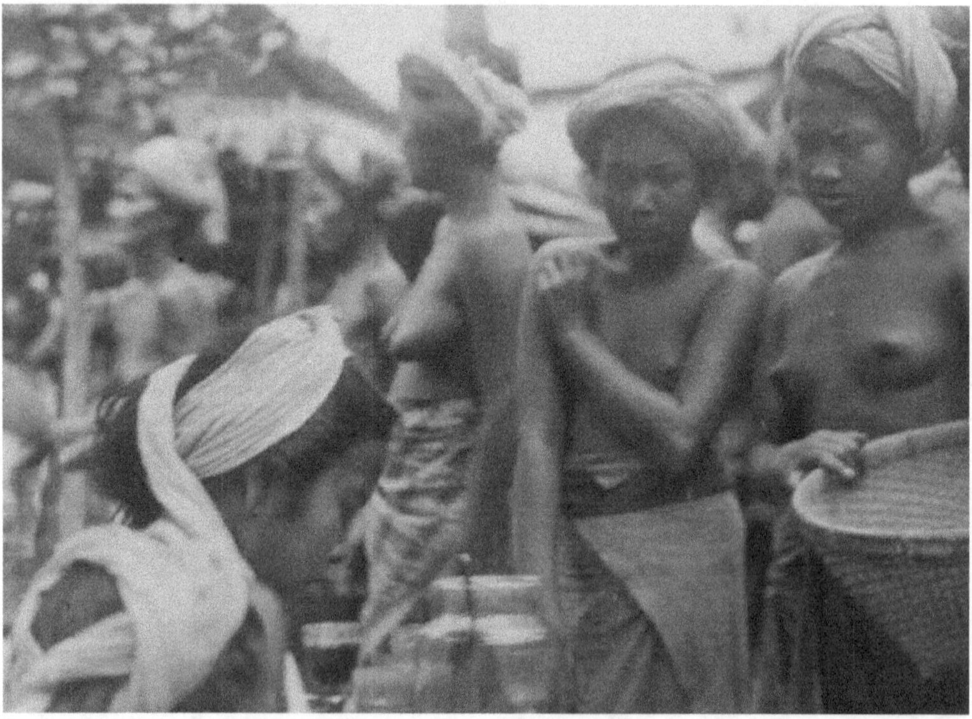

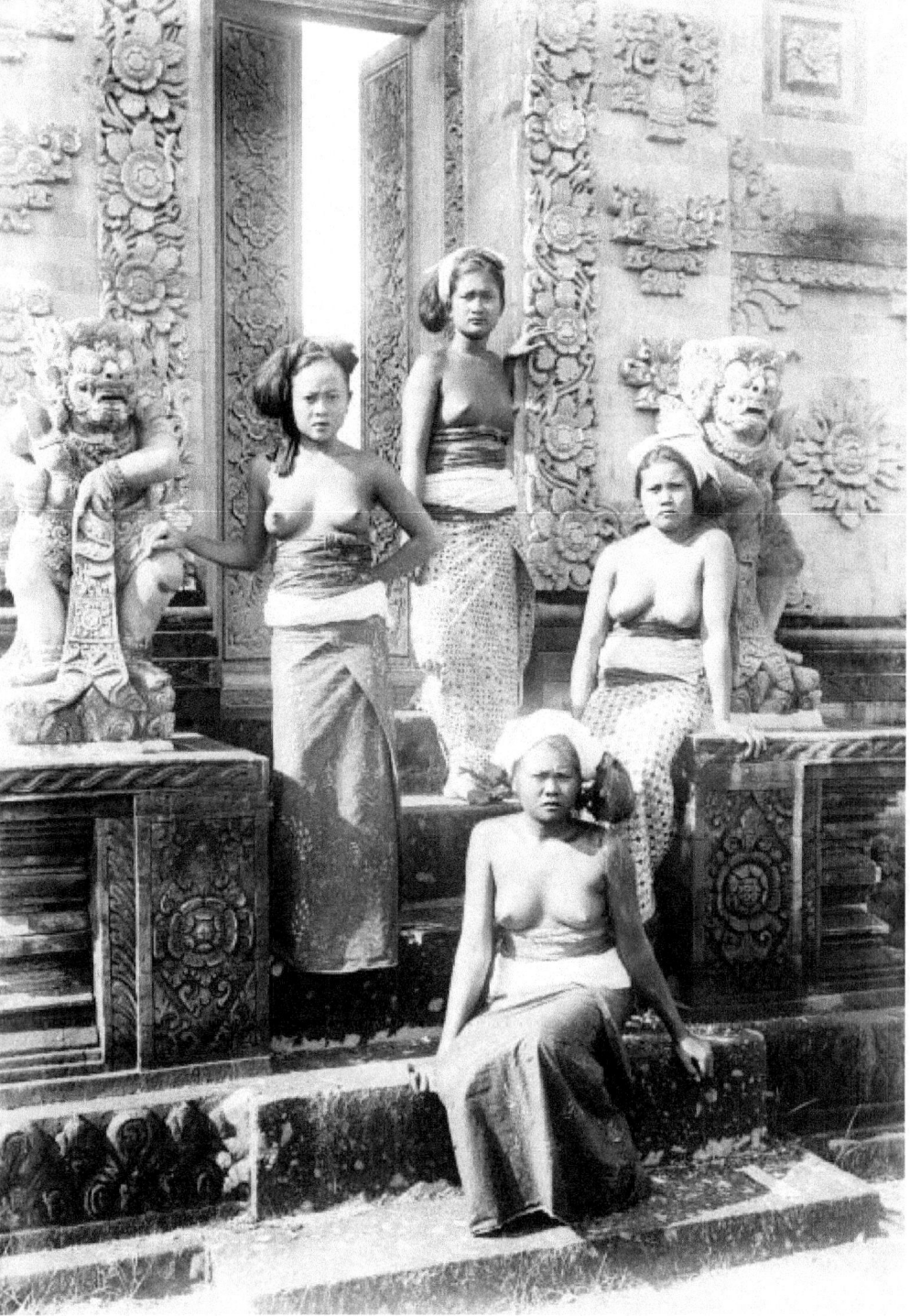

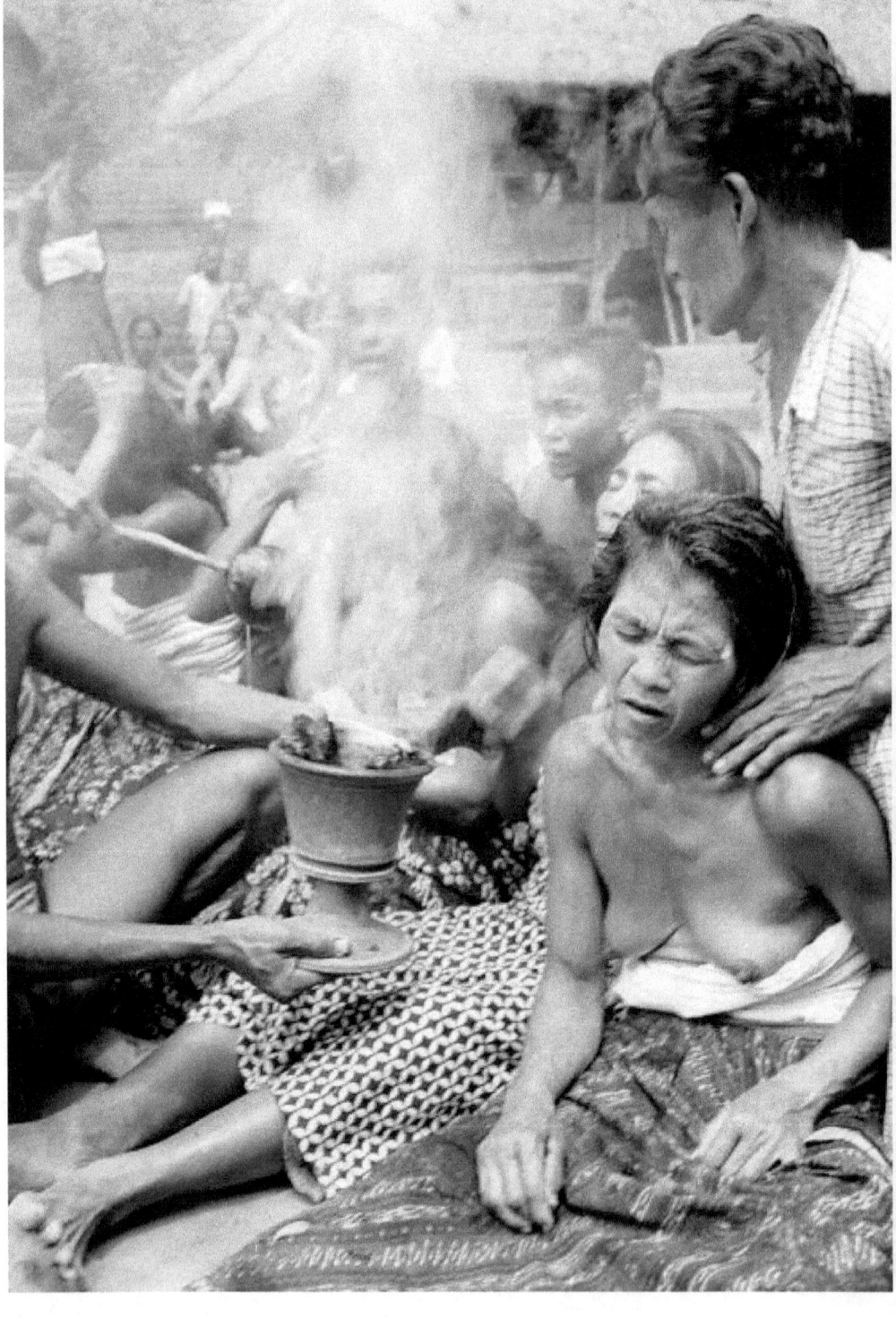

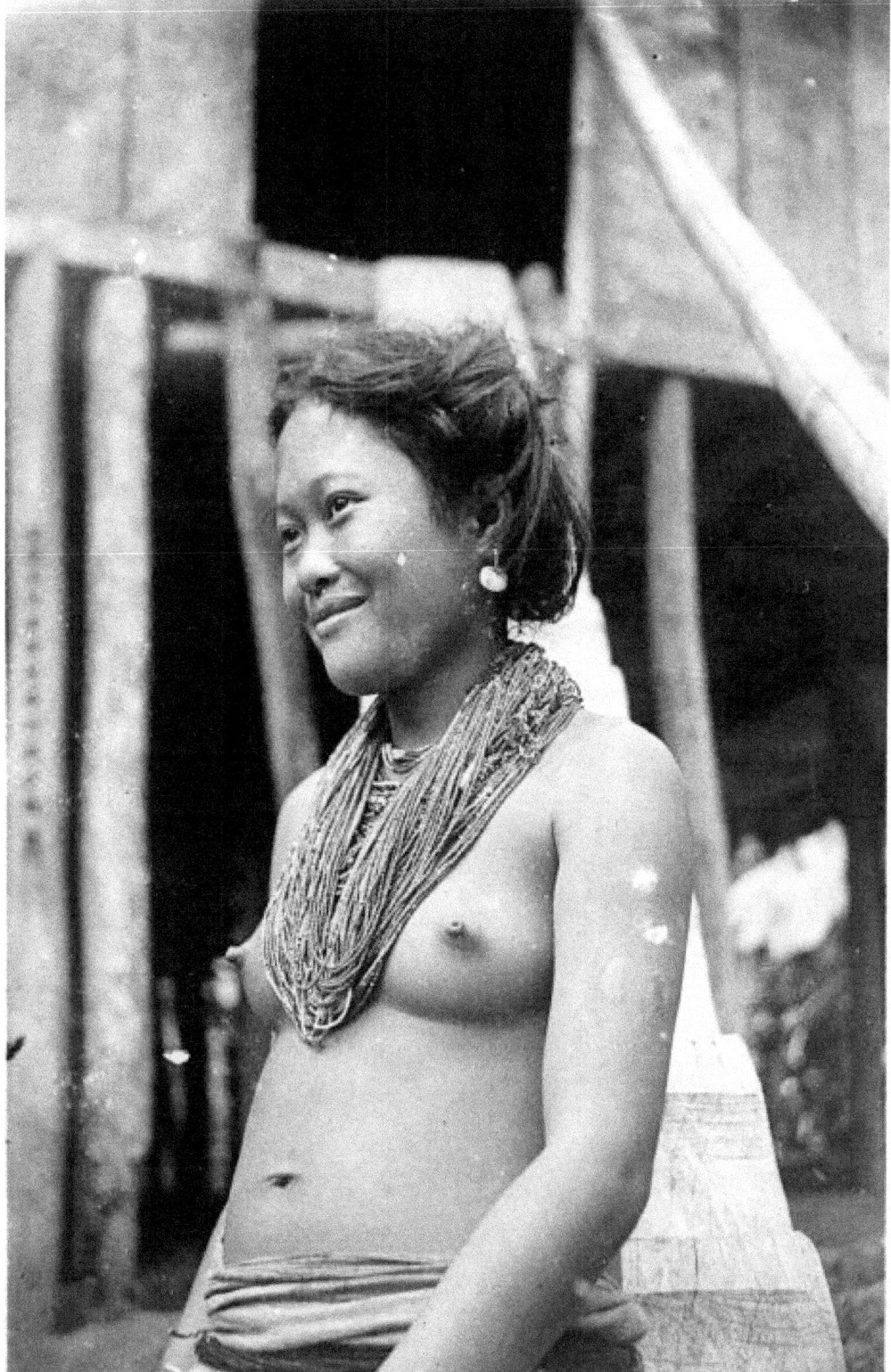

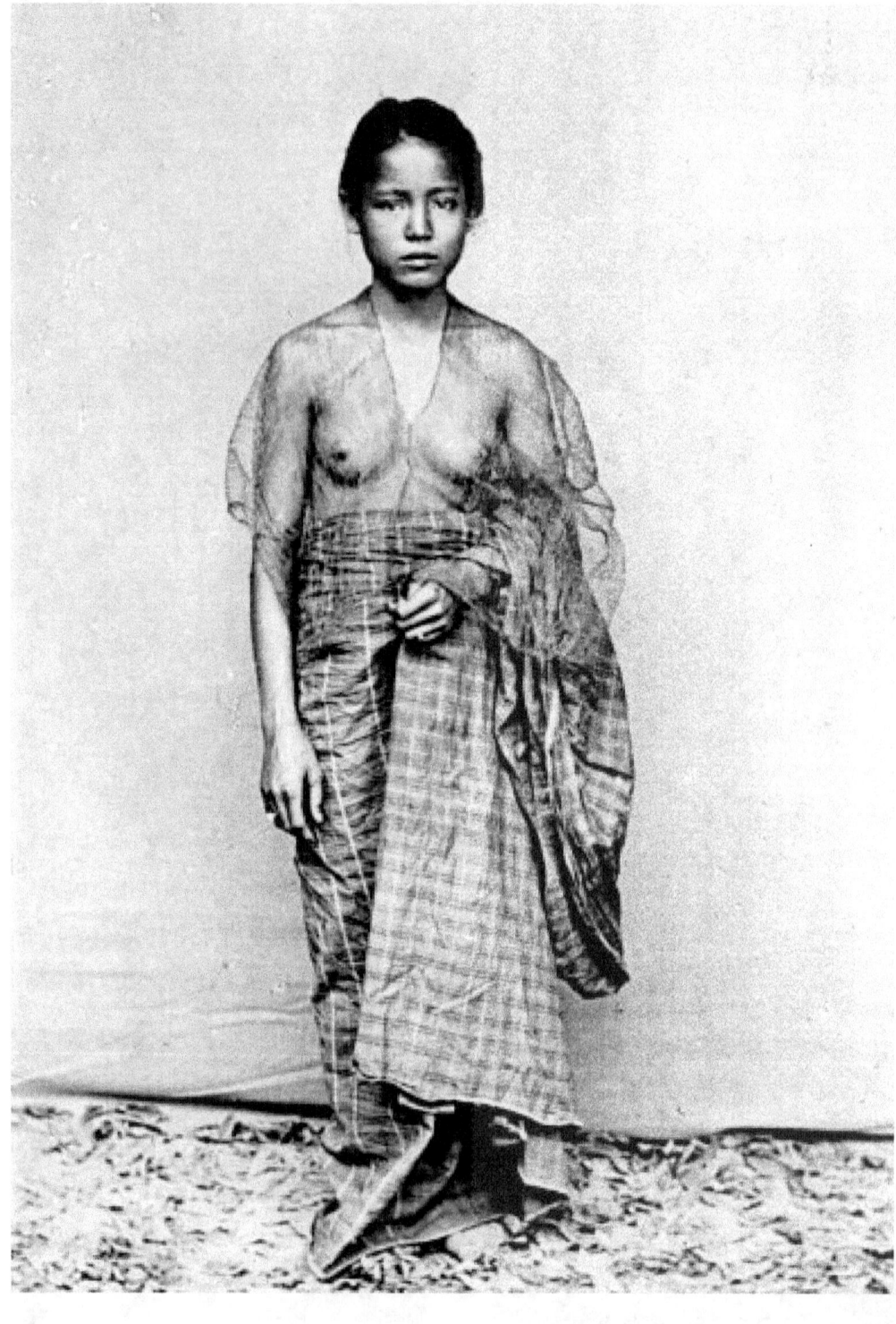

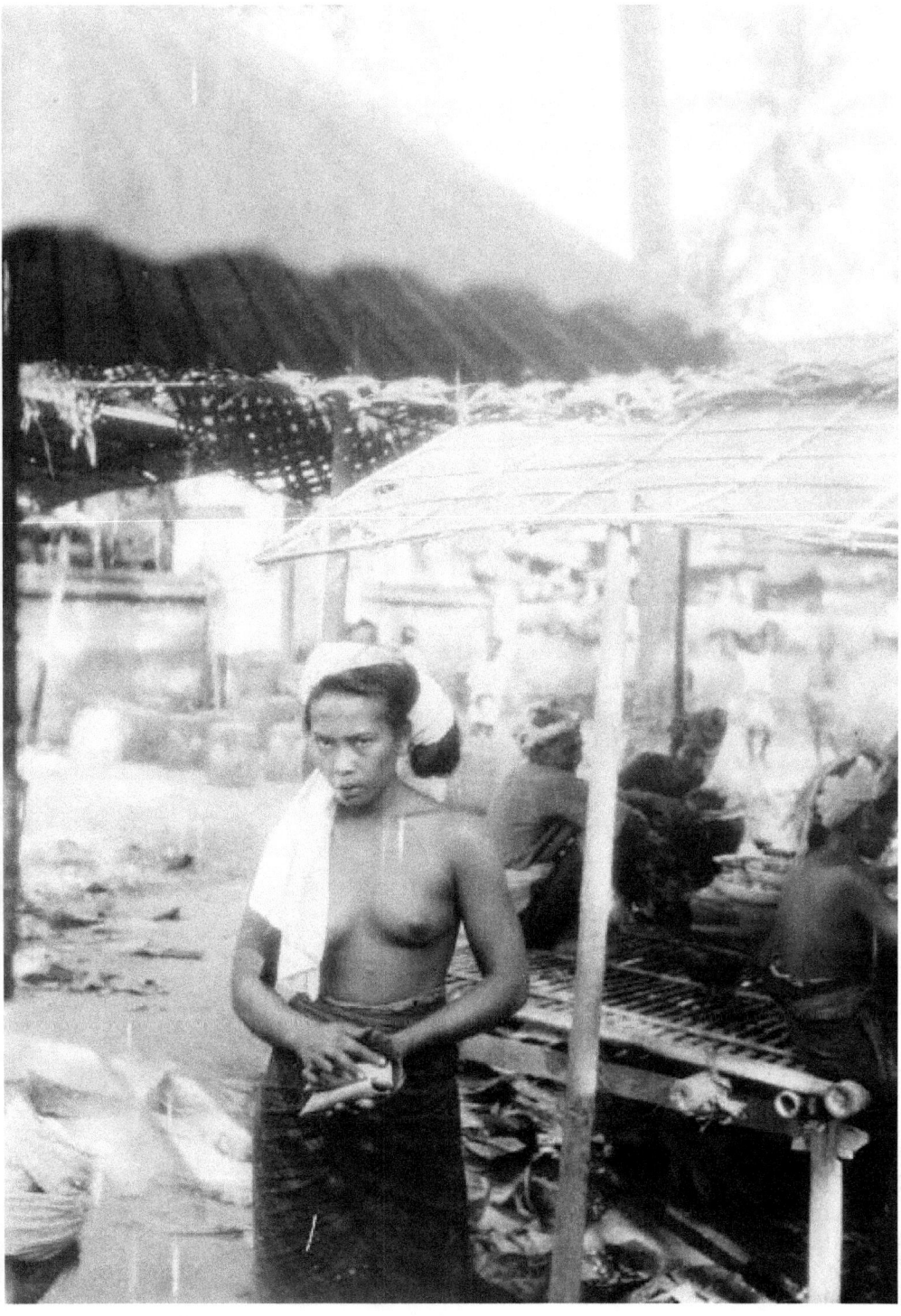

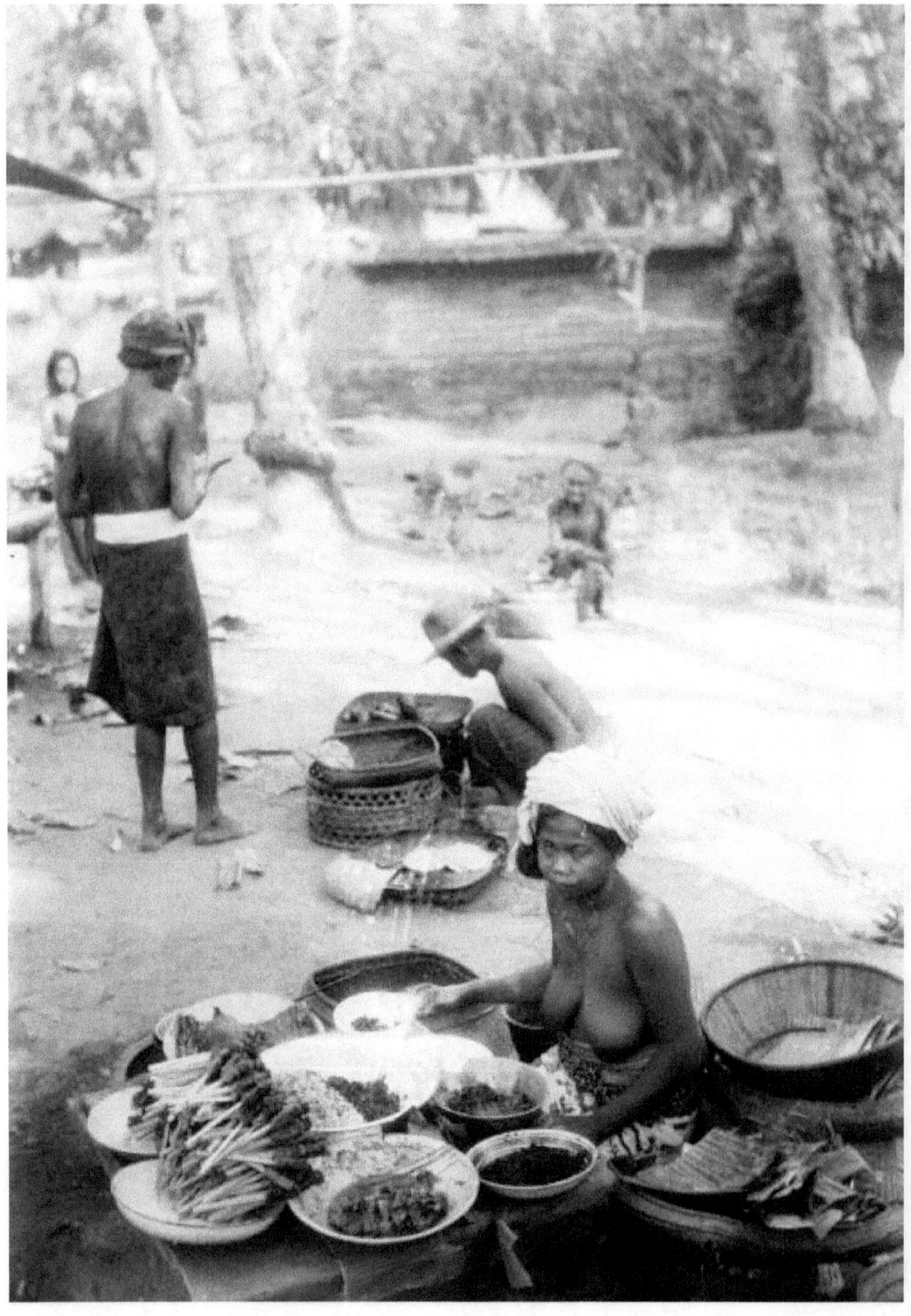

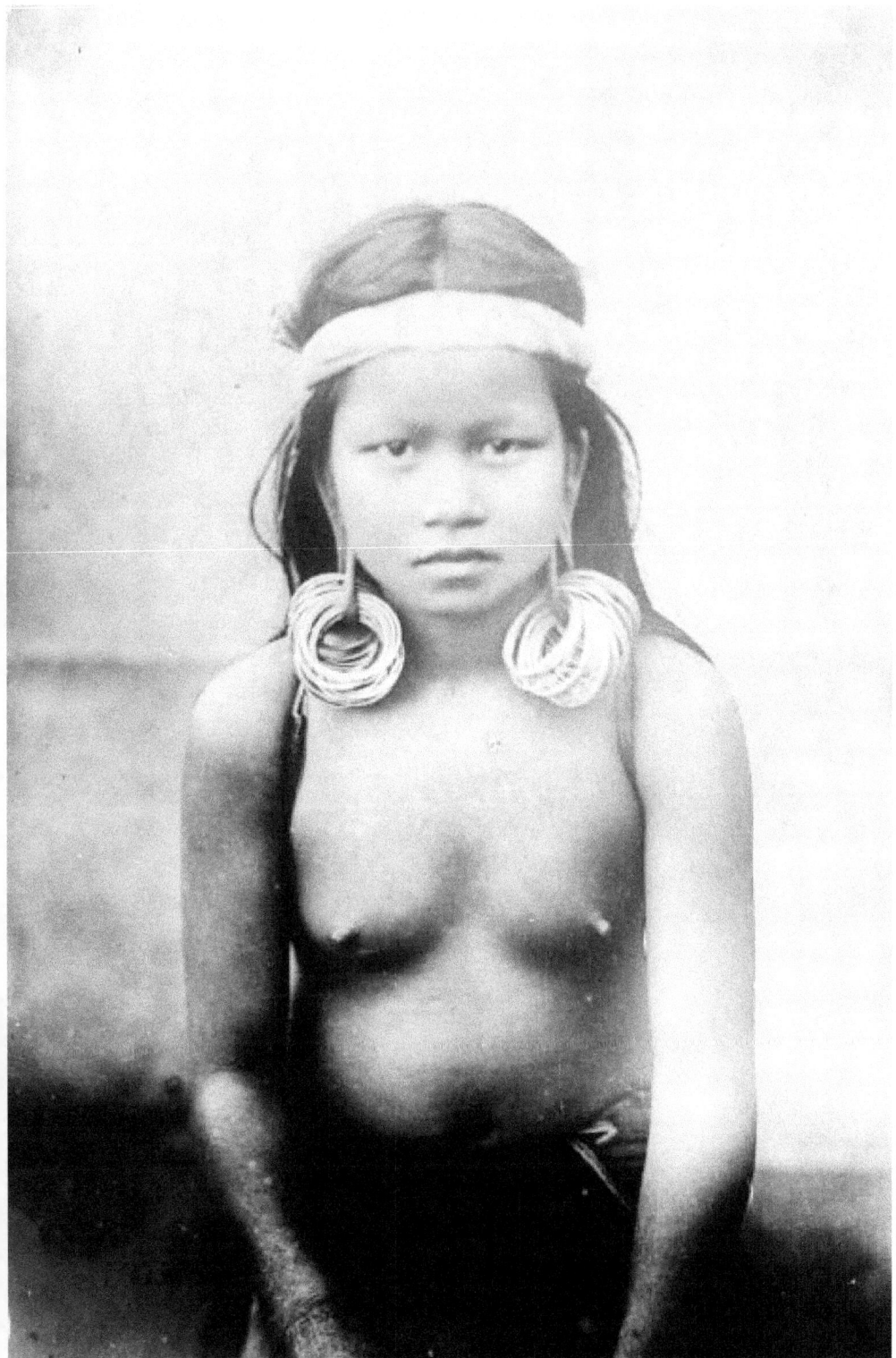

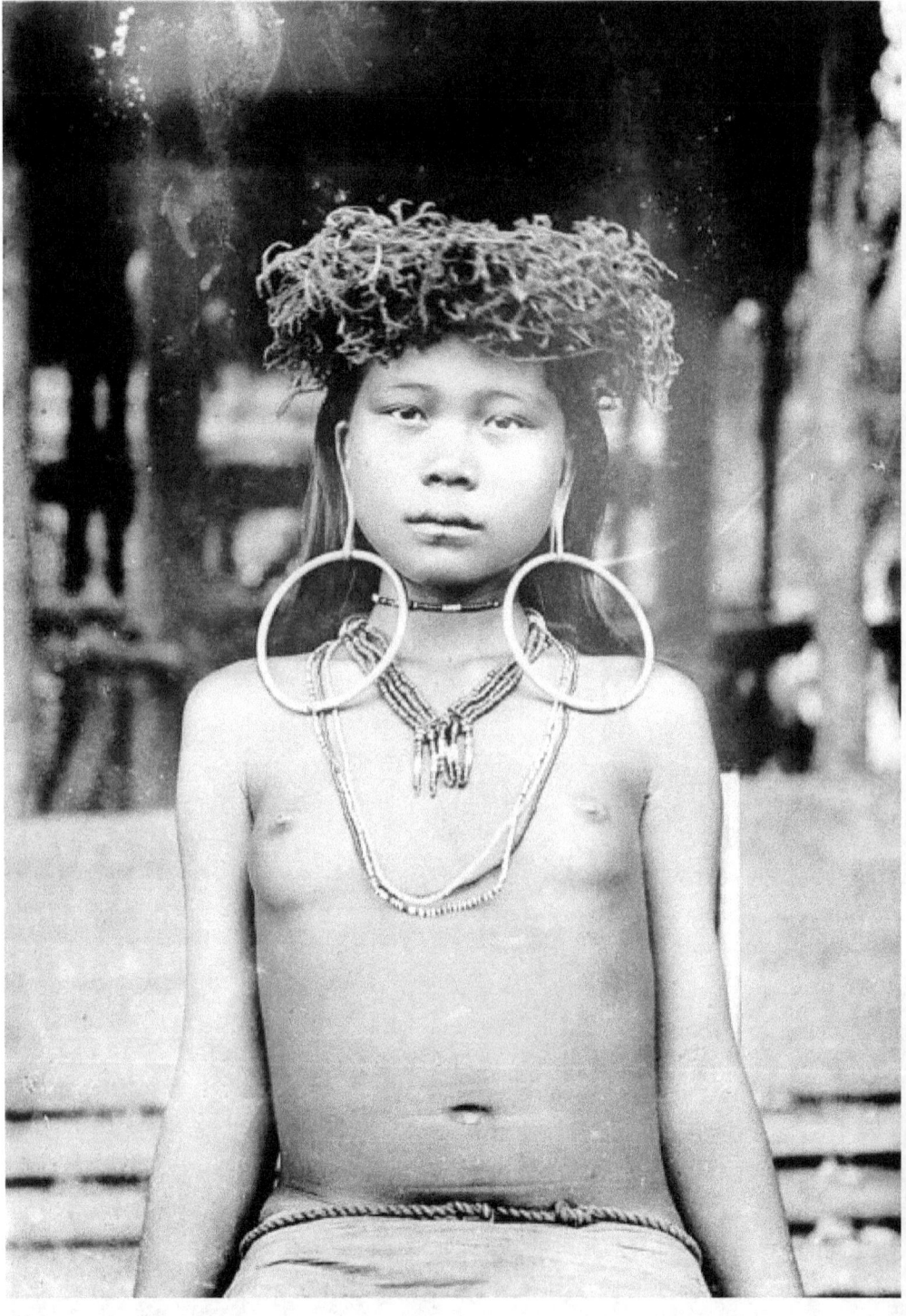

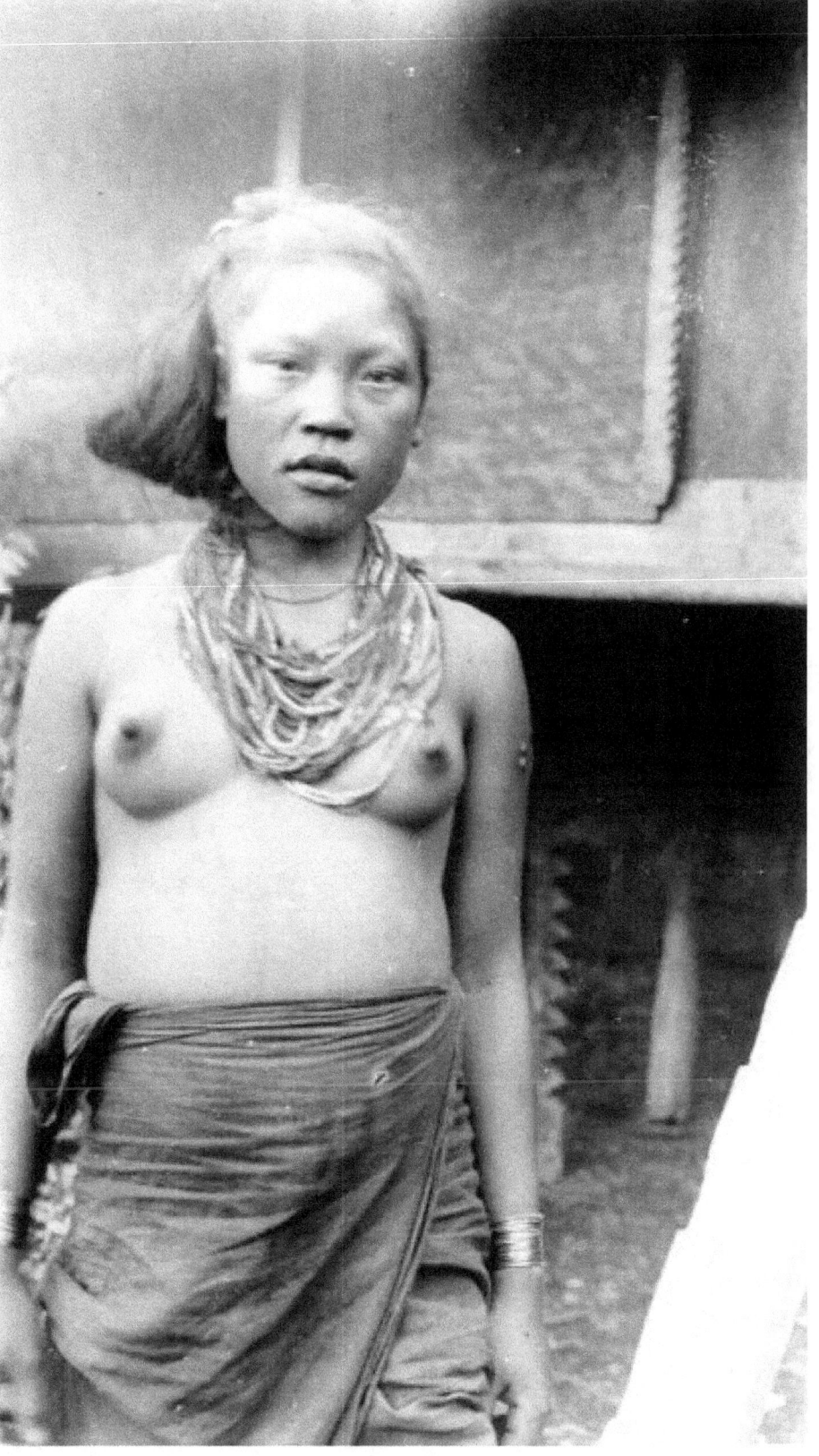

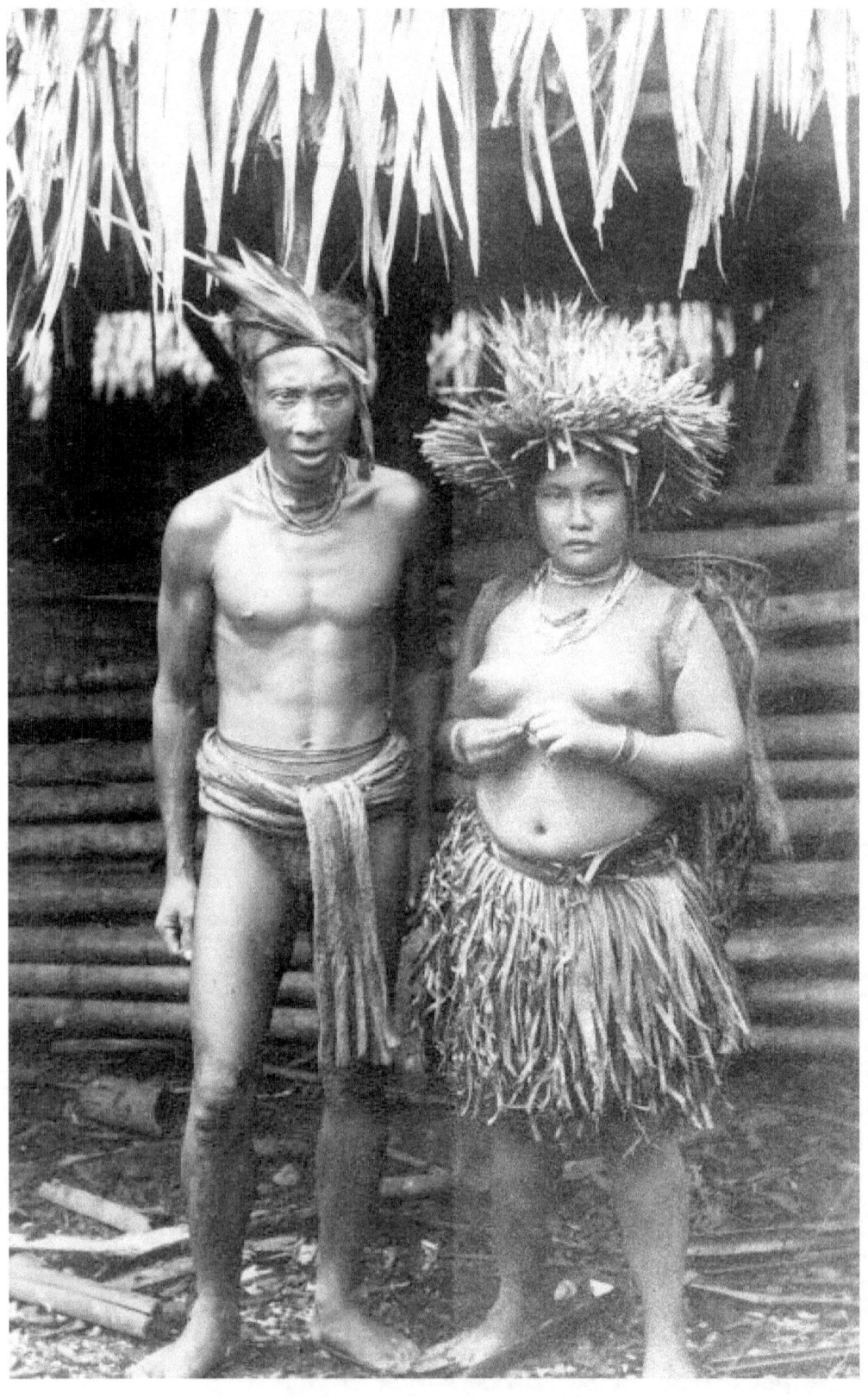

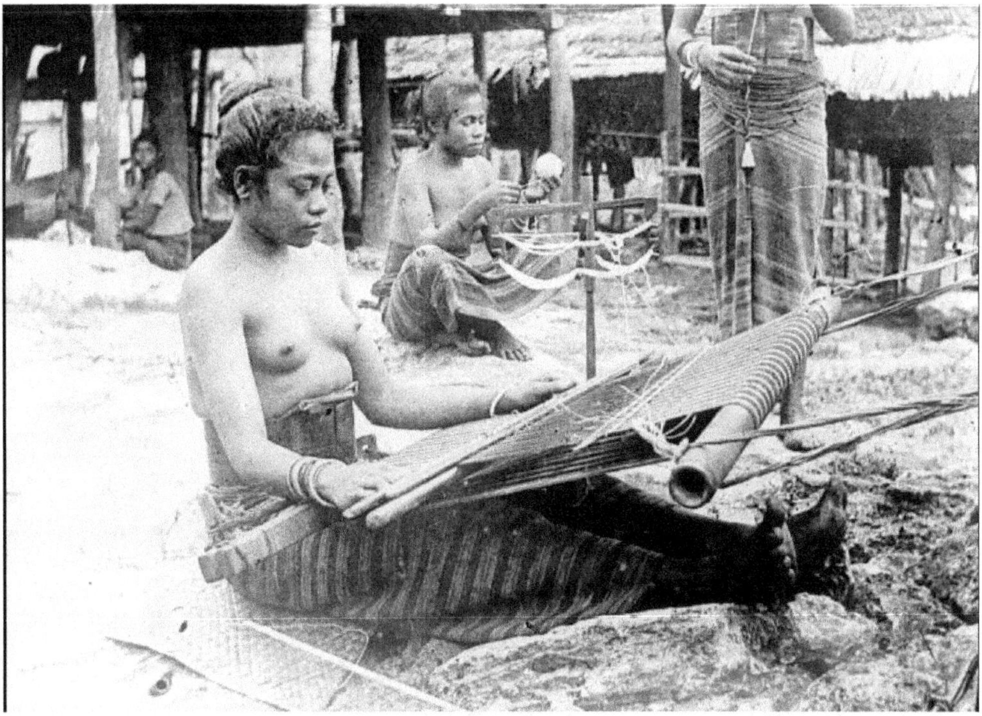

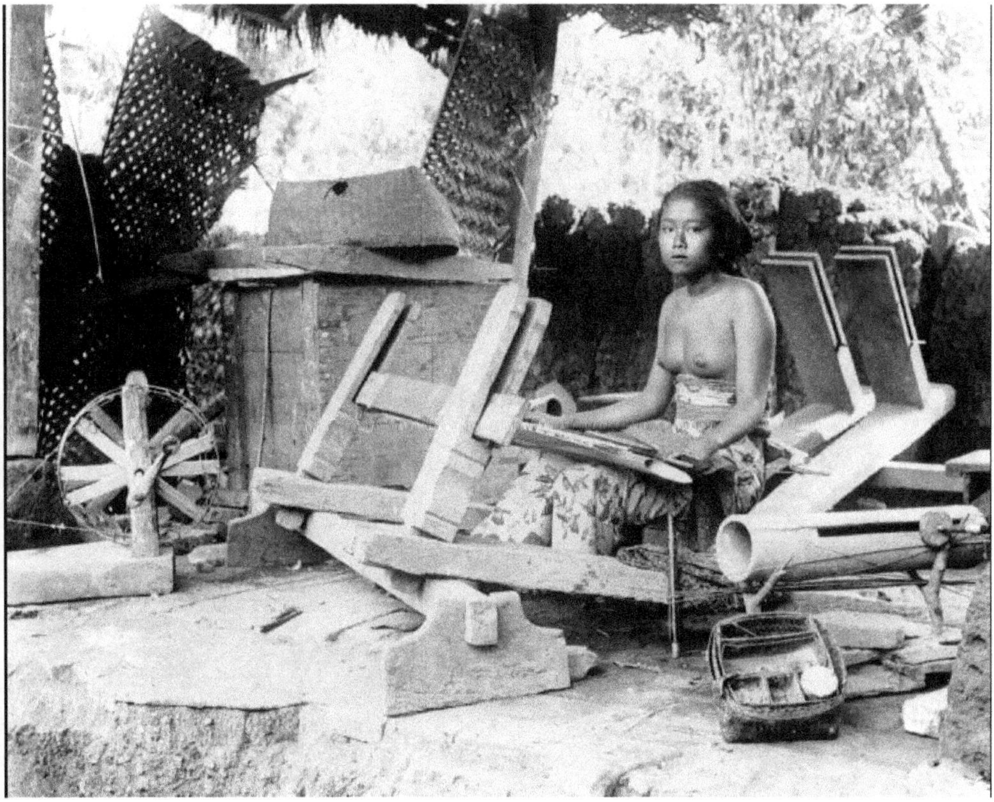

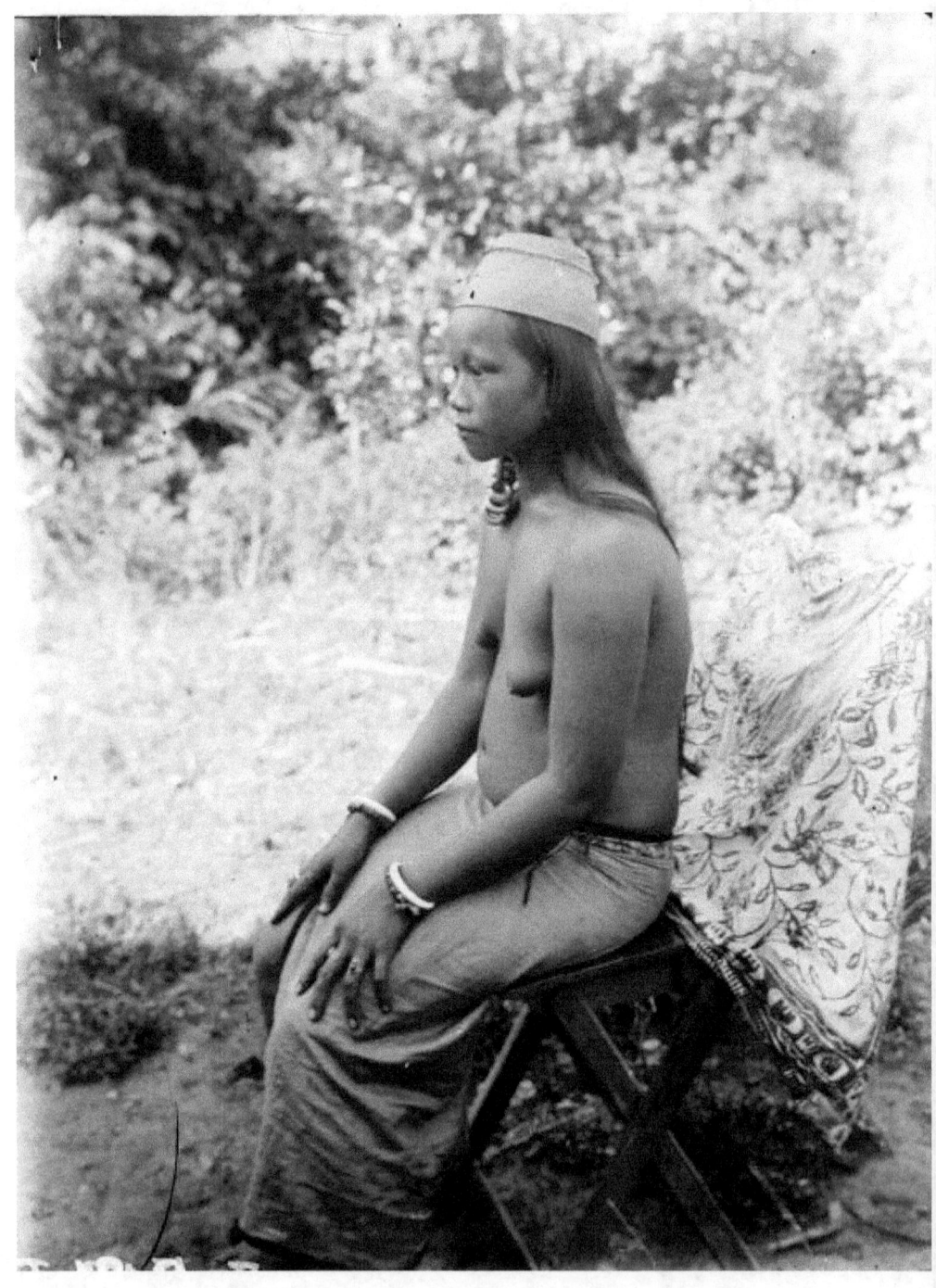

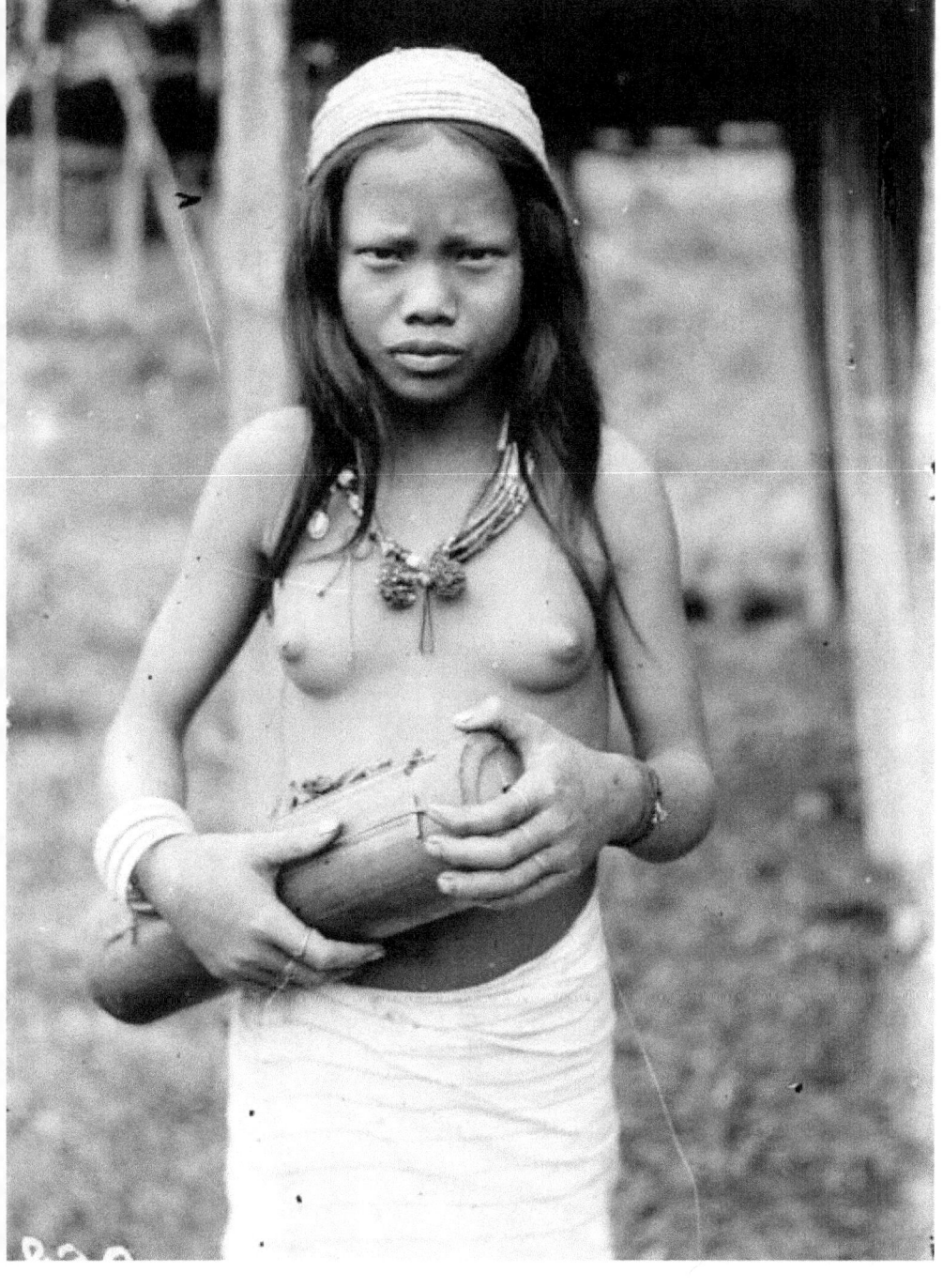

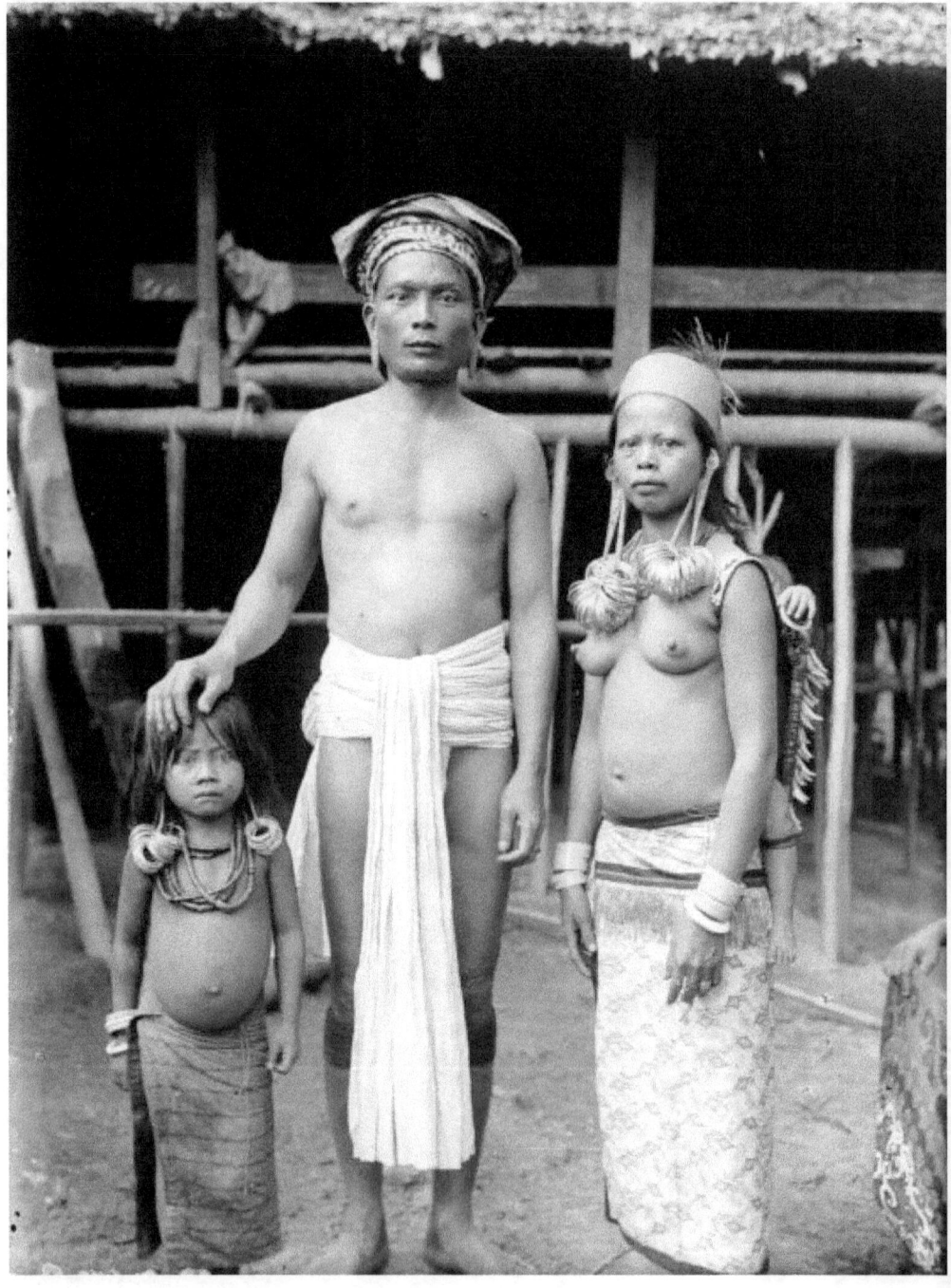

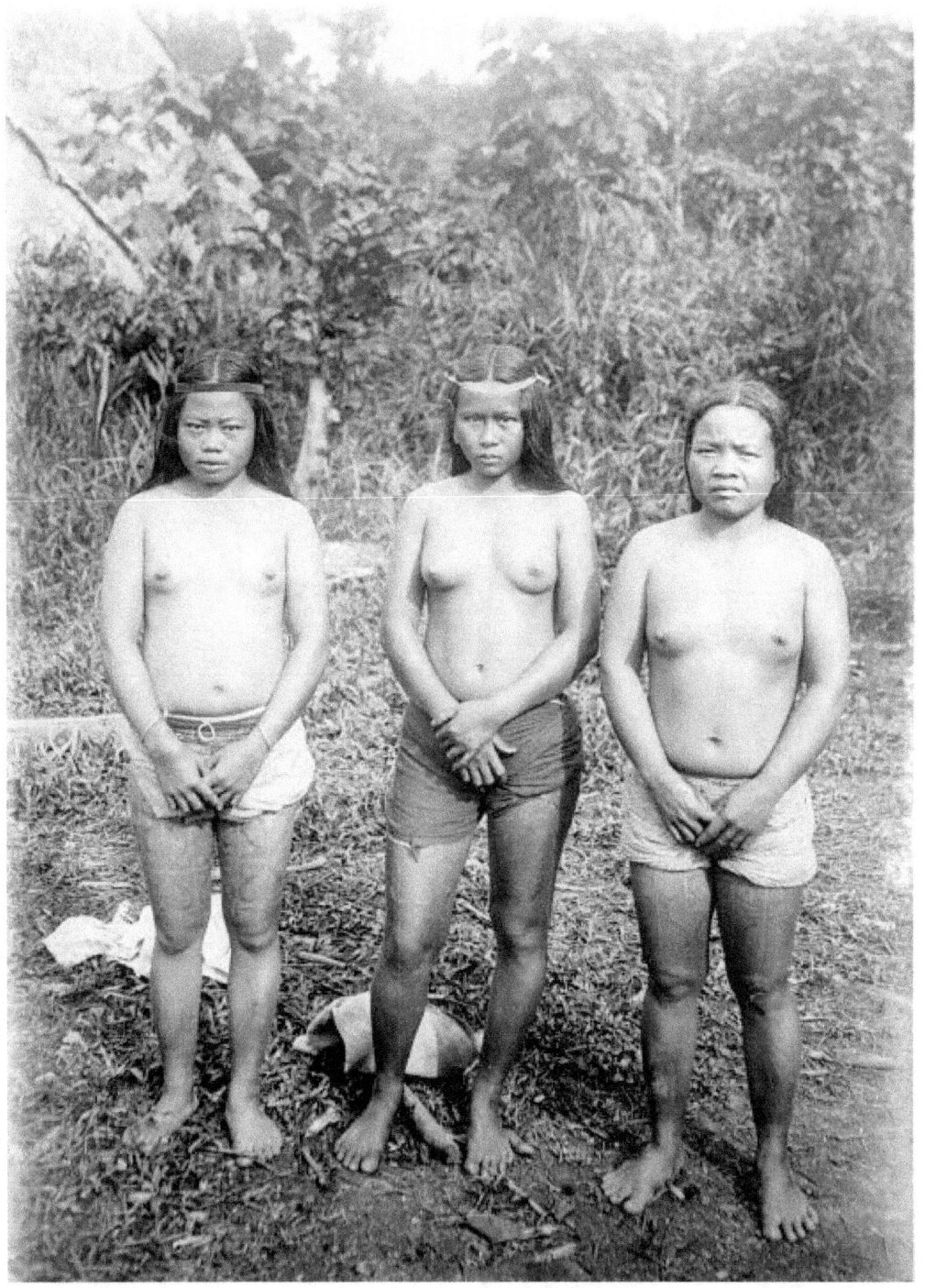

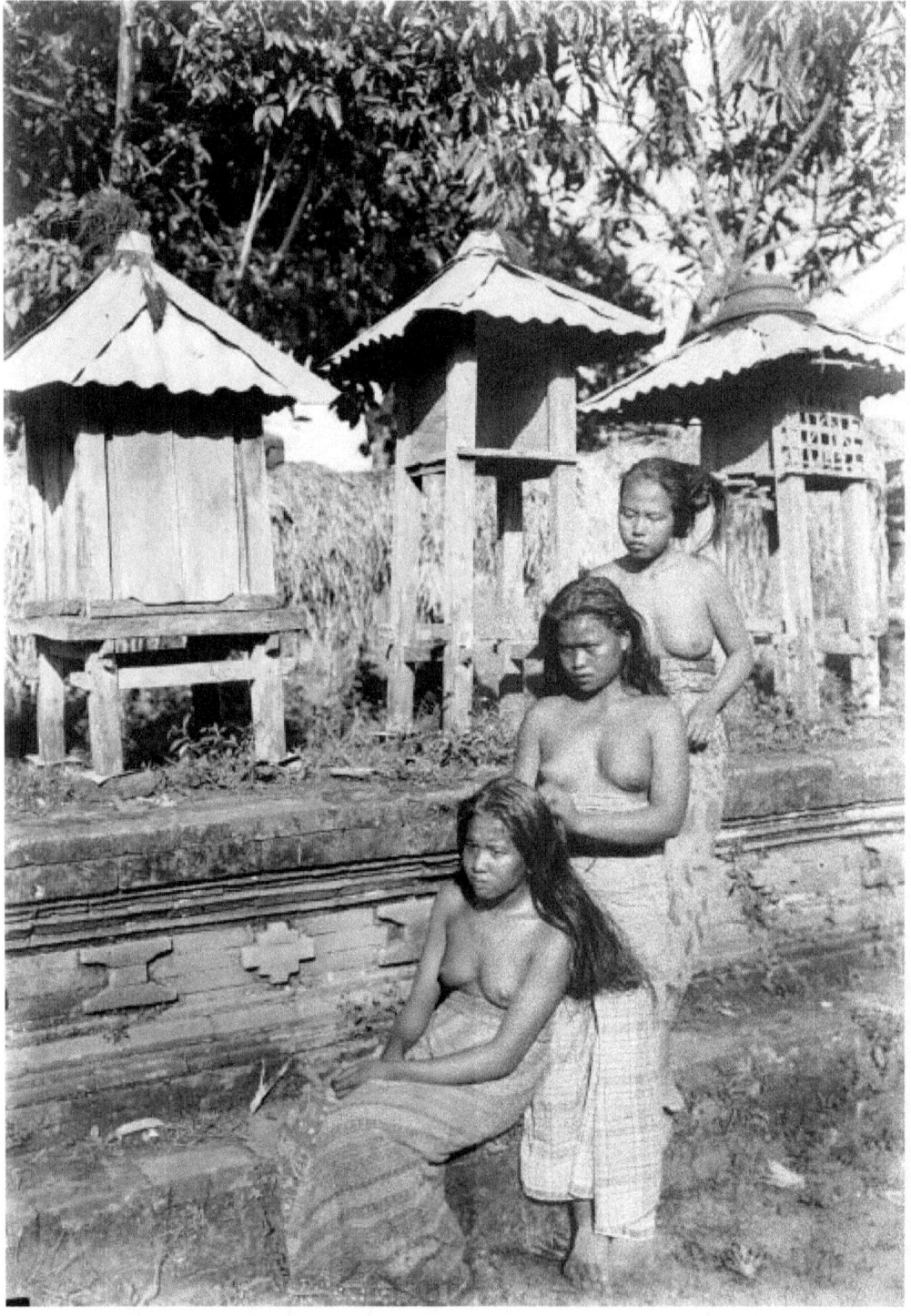

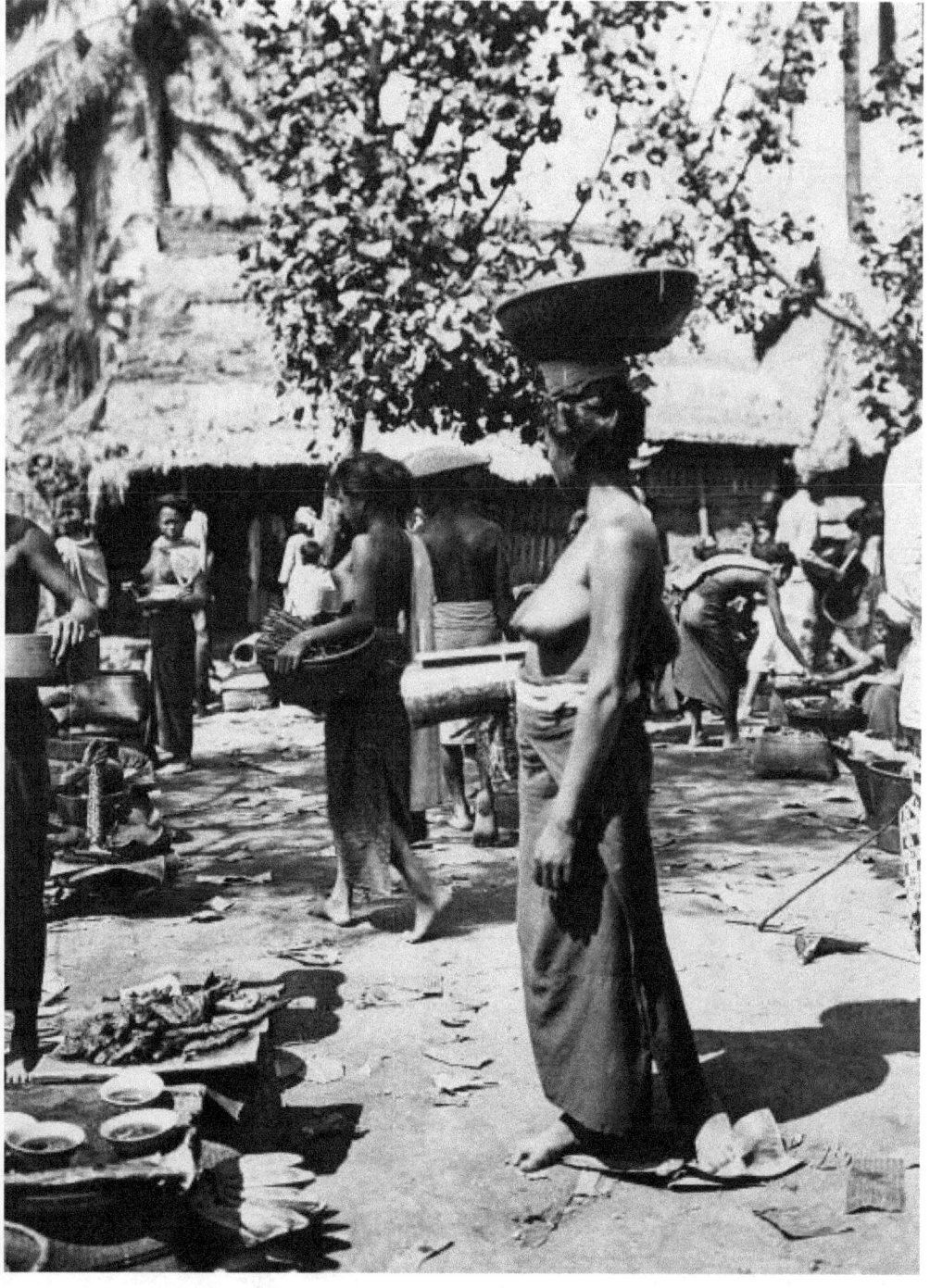

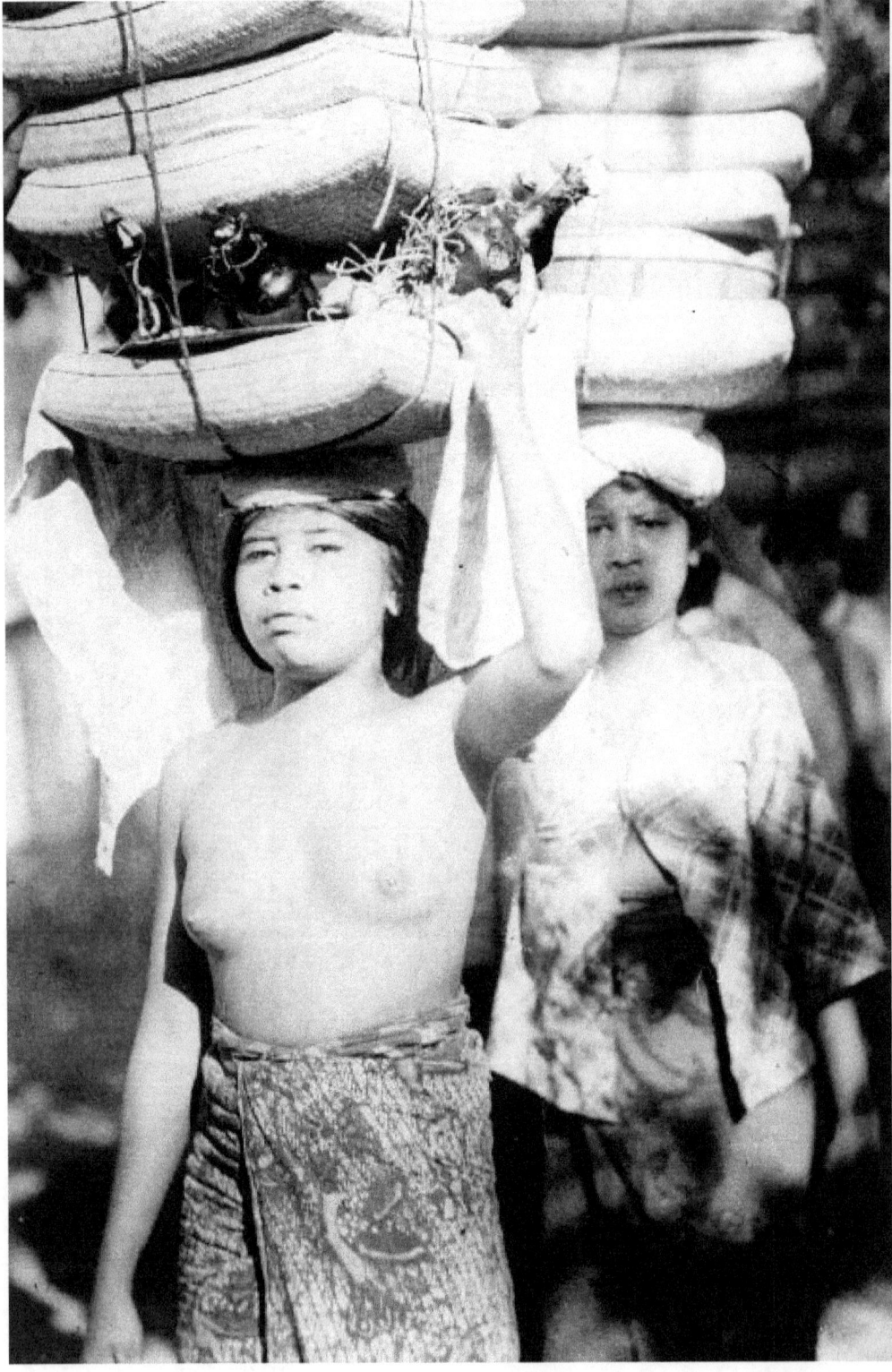

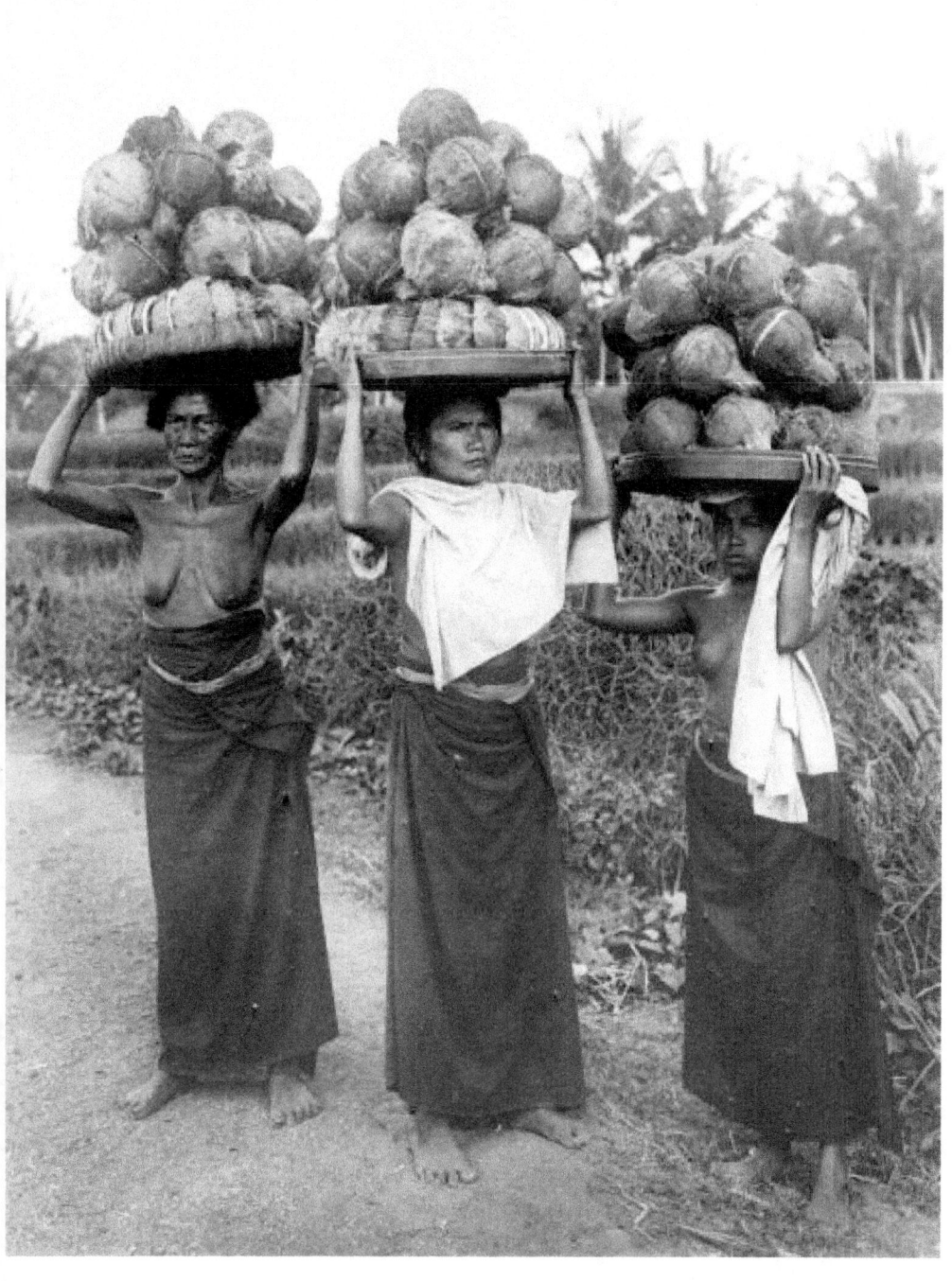

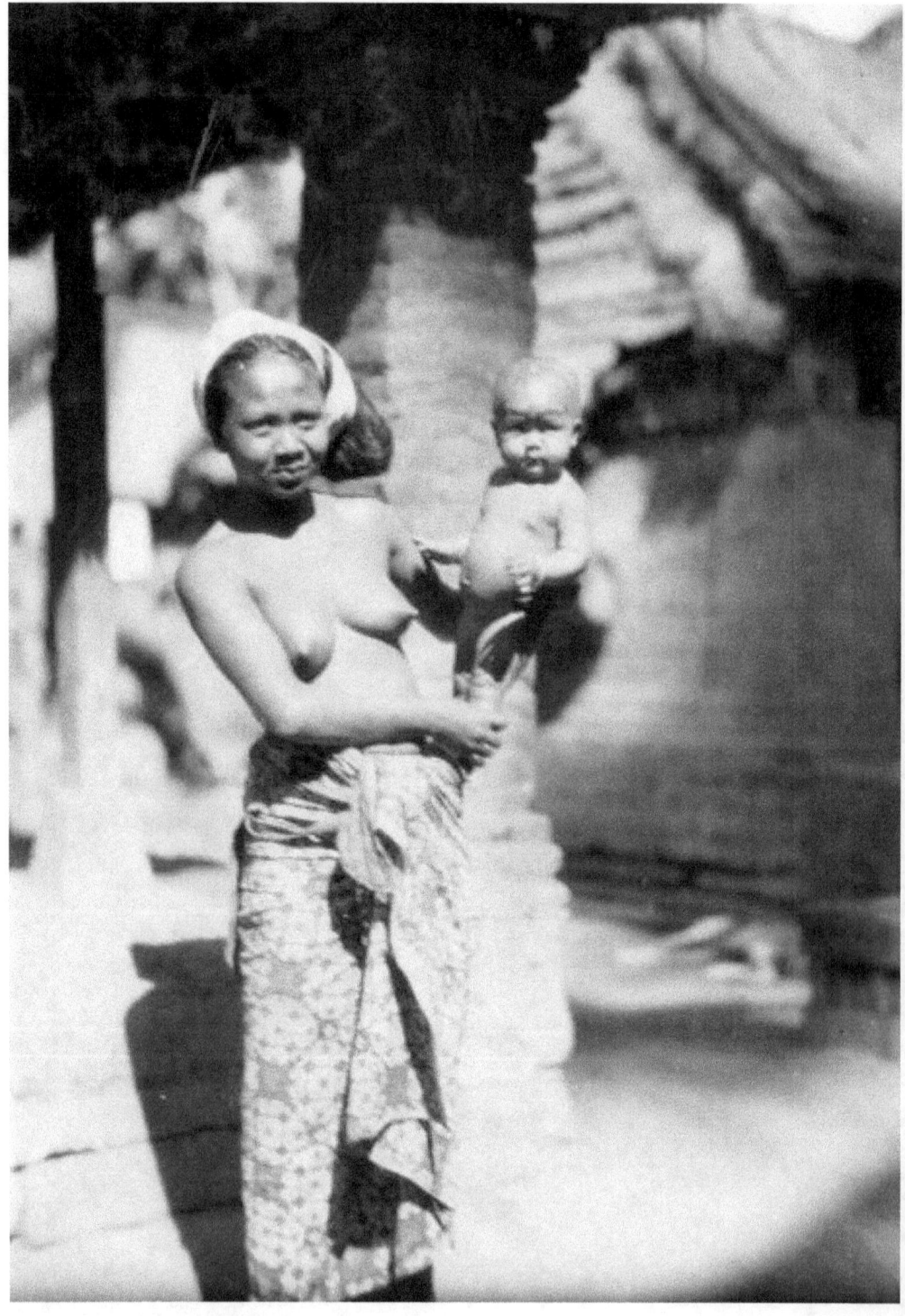

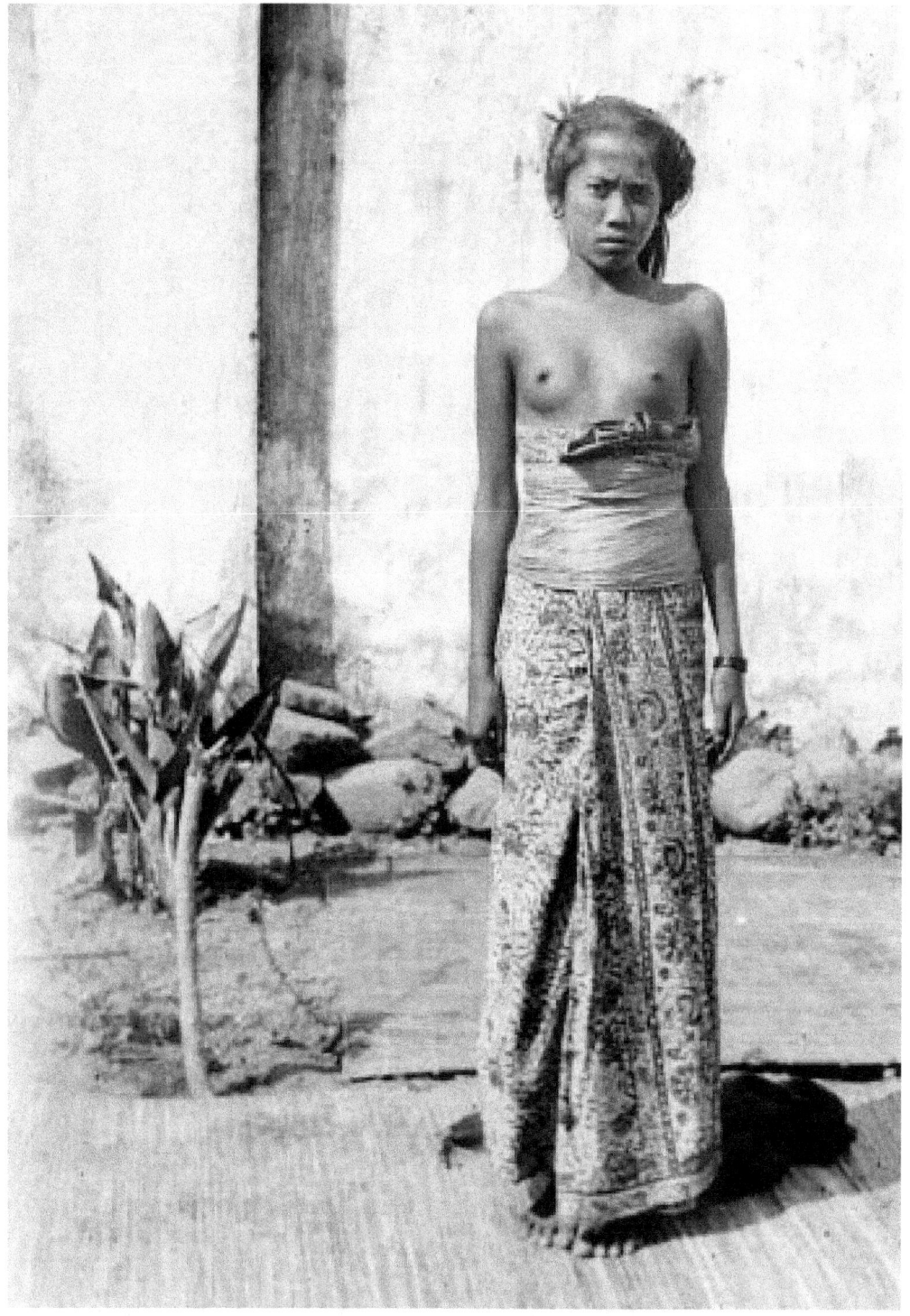

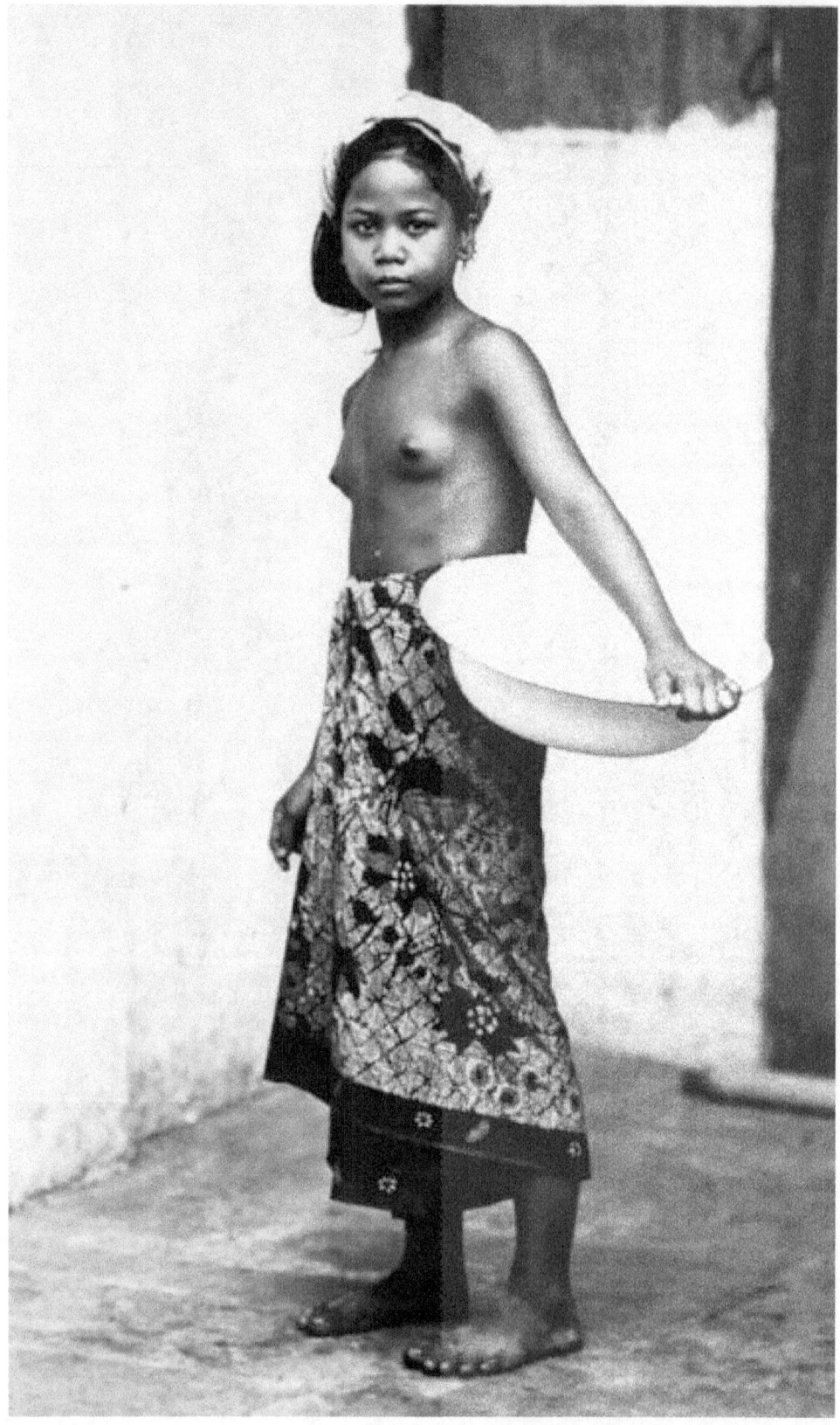

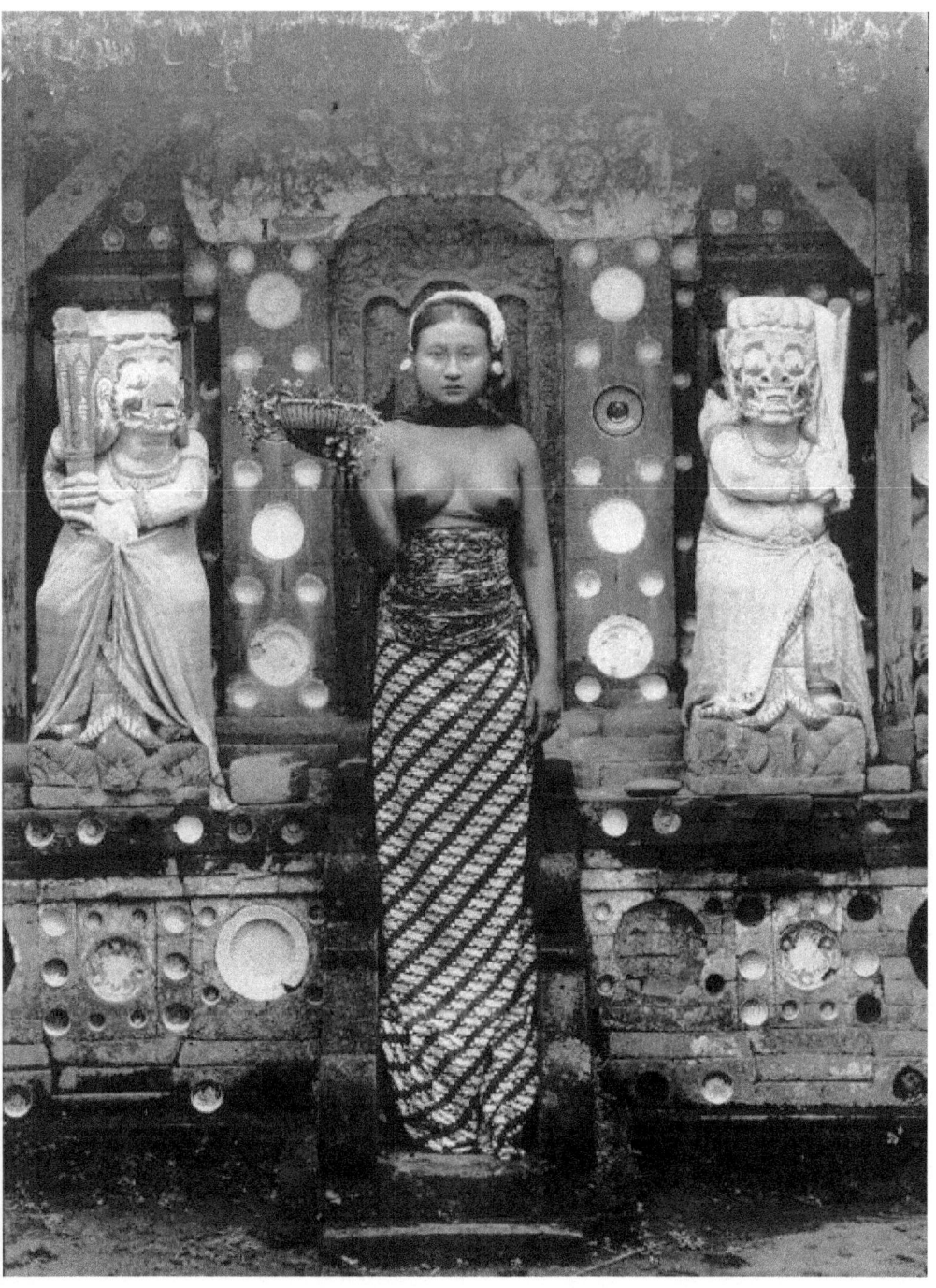

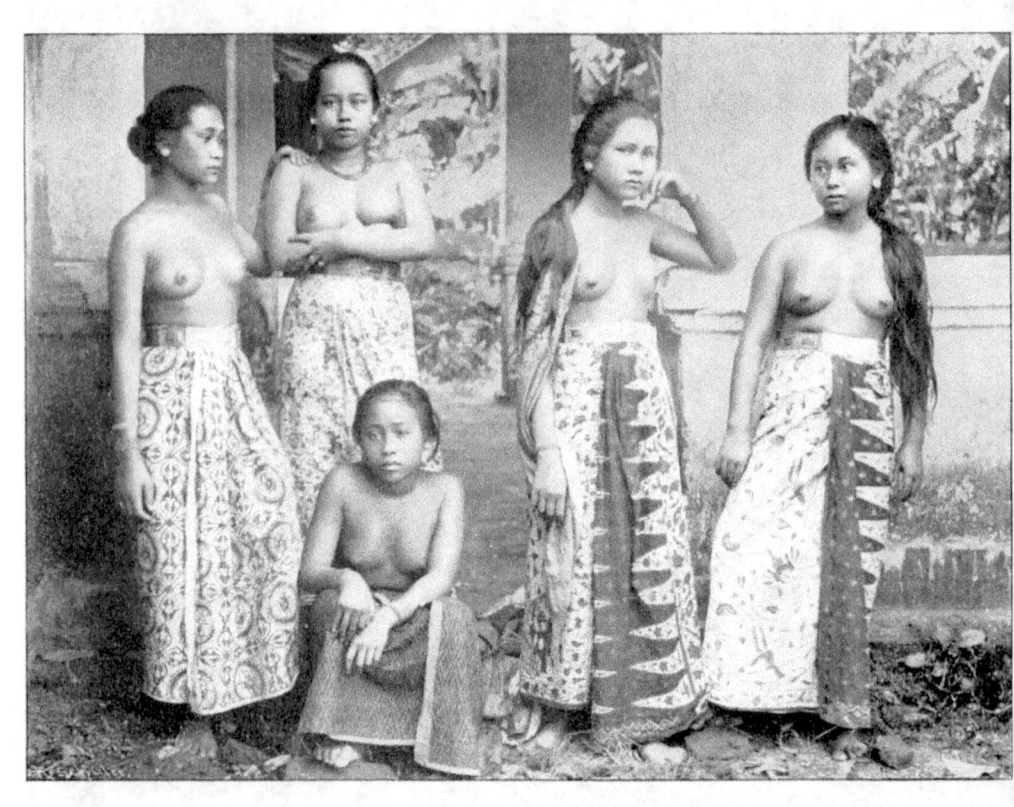

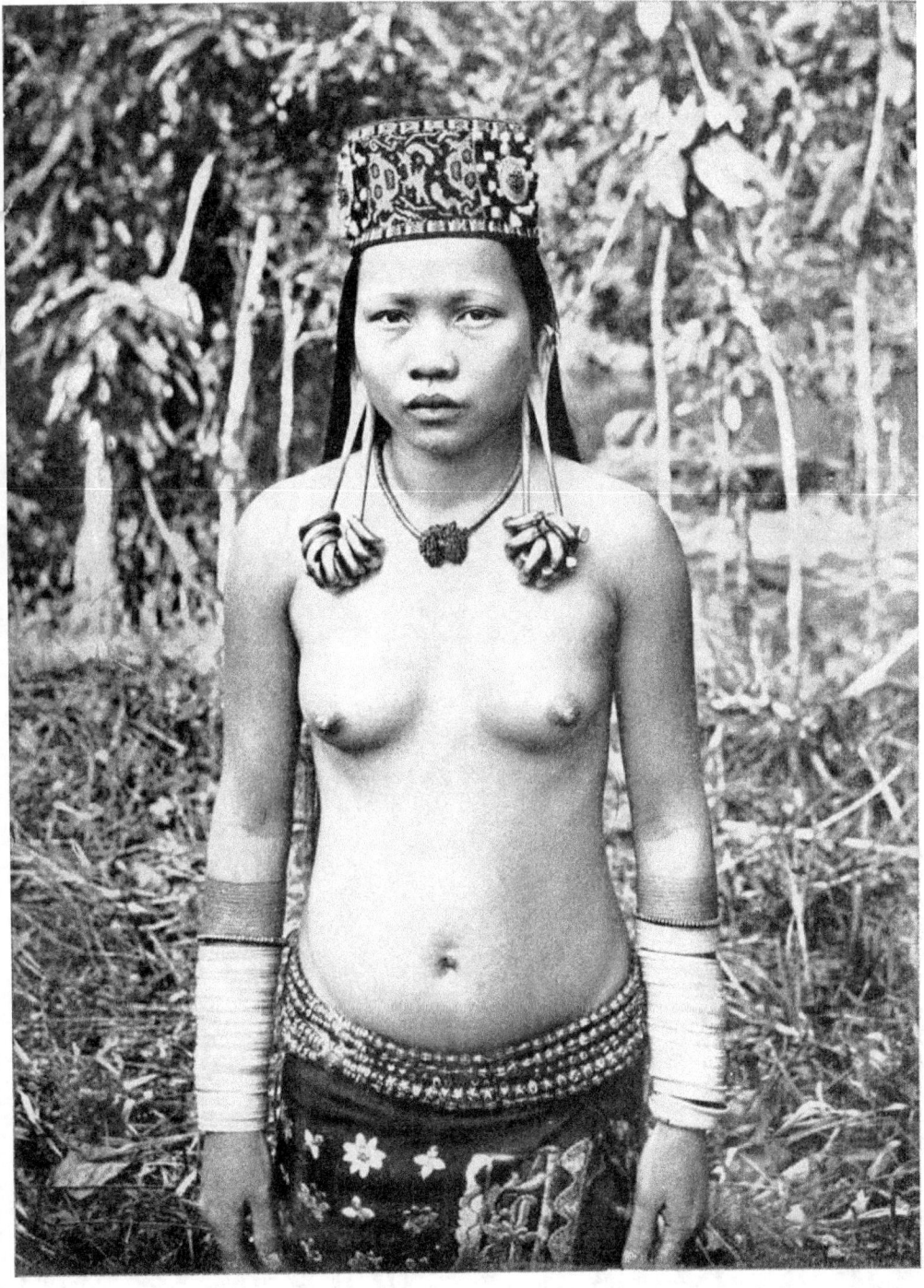

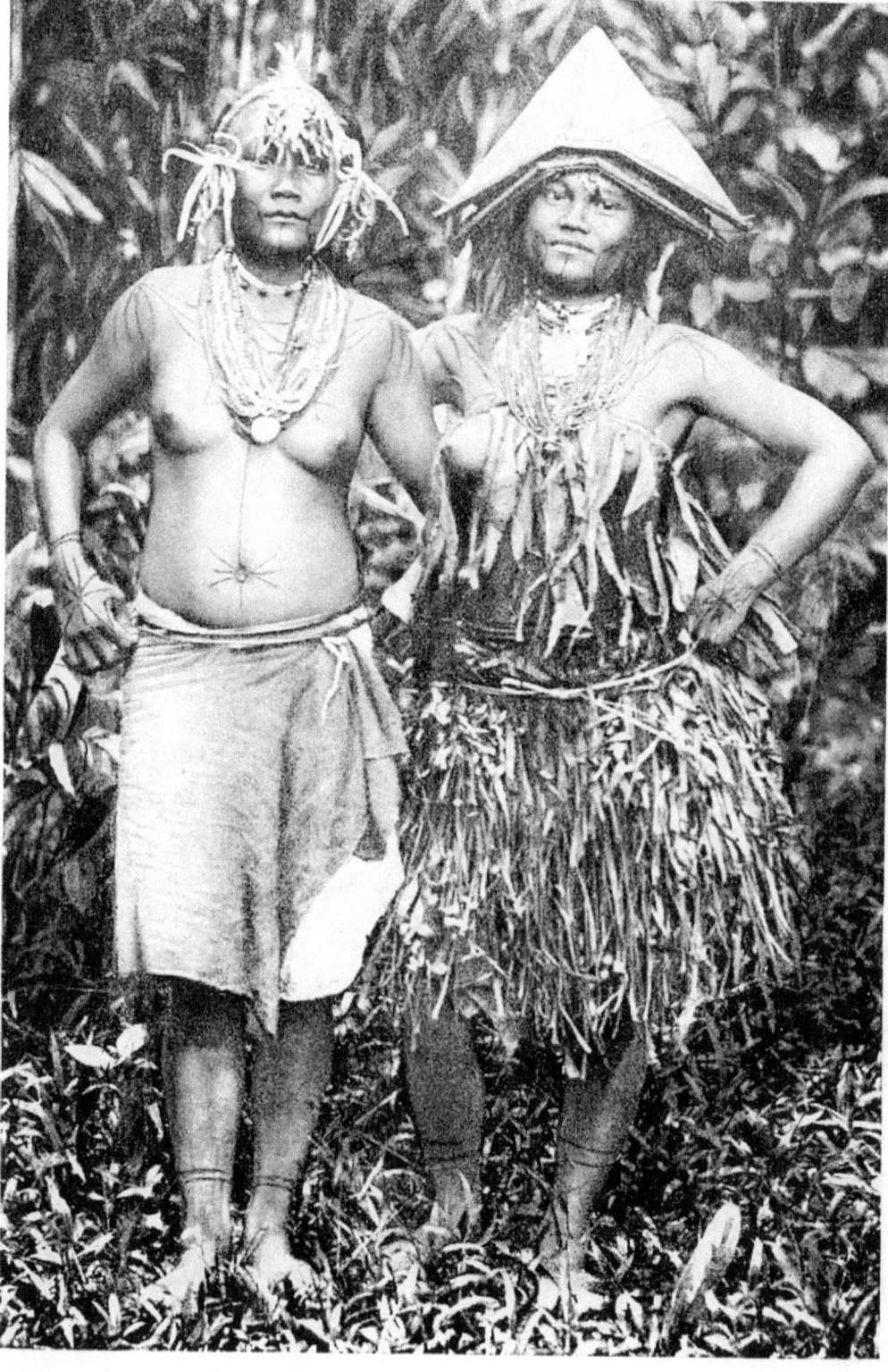

www.ingramcontent.com/pod-product-compliance
Lightning Source LLC
Chambersburg PA
CBHW061441180526
45170CB00004B/1515